I0203627

EL AGUA DIAMANTE
UNA CONSCIENCIA

DISCOVERY PUBLISHER

©2001, Joël Ducatillon

Título original: « L'eau Diamant : Une Conscience »
©2016, Discovery Publisher

Para la edición española:
©2016, Discovery Publisher

Autor : Joël Ducatillon
Traducción : Pedro Inicia
Tapa del Libro : Ilustración de ©Nishad
Editor en Jefe : Adriano Lucca

DISCOVERY PUBLISHER

616 Corporate Way
Valley Cottage, New York, 10989
www.discoverypublisher.com
livres@discoverypublisher.com
facebook.com/DiscoveryPublisher
twitter.com/DiscoveryPB

New York • Tokyo • Paris • Hong Kong

TABLA DE CONTENIDOS

EL AGUA DIAMANTE
UNA CONSCIENCIA

HISTORIAL DE LA BUSQUEDA

Esta búsqueda introspectiva empezó luego de haber tenido tres sueños consecutivos
en octubre de 1994.

Dio lugar a la creación del *agua diamante* el 27 de marzo de 2000. Esta agua inteligente es desde entonces distribuida en numerosos países por los usuarios. Por supuesto es gratis.

El 9 de noviembre de 2004, puse en marcha la *pyramidal memories transmutation* (PMT) seguida un poco más tarde por la *fire axe transmutation* (FAA). Todo eso fue posible gracias a codificadores de vidrio cilíndricos que fue posible programar.

Muchas personas interesadas en ayudar a los demás aún utilizan estos codificadores a pesar de la suspensión de la su venta al final del 2009.

También existe un codificador llamado: *energyie vortex maker* (EVM) que cambia la energía del lugar.

Las cosas cambiaron drásticamente cuando en 2010 decidí vivir en Quebec por un tiempo. En efecto, un alma me esperaba allí: mi compañera y colaboradora Virginie Duchaine, que en este ese momento era psicóloga y tenía más de 16 años de práctica en un consultorio.

Este tipo de desarraigo fue bastante desconcertante para mi. Durante este periodo, empecé a buscar códigos y a registrarlos en una placa de *shungite* que desde este momento se convirtió en *quantum solution personality* (QSP).

En el 2011, nos instalamos en FranciaVinieron a Francia para instalarnos en 2011. Desde entonces, ofrecemos charlas durante las cuales presentamos los resultados de meses de búsqueda así como los de trasformaciones interiores.

Sabemos que nuestro trabajo no suscita aprobaciones, pero eso no es nuestro objetivo. Nuestra única meta es transmitir nuestro conocimiento.

A lo largo de nuestro camino, muchos corazones se abren a nosotros, y eso nos permite sentir su amor cálido. Eso es un verdadero regalo y les agradecemos infinitamente.

PRIMERA PARTE

Al otoño de la encarnación,
Cuando enrojece la adquisición,
Y que la savia del alma,
Se sumerge en sus raíces y tranquiliza
Una muerte cercana,
Para los que levantan la cabeza,
Lanzando un arrullo de amargura!
A los Dioses inaccesibles y destacados,
Del sistema admitido; Recorriendo
La tierra sagrada a la que son ciegos,
Yendo, se apresurando hacia el óbito.
Inexorablemente las hojas caen
En este otoño de tierra-hecatombe.
De estos seres caídos e incapaces,
Naciera, del humus de los indeseables:
El Cristo emergiendo en el hombre;
En entidades de luz perdurable
Cuyos nombres fueron previstos al edén.

Conferencia del 11 de Agosto de 2001

Buenos días, voy a hablaros del agua diamante. ¿Quiénes son las personas aquí, que ya tienen el agua diamante, que ya la utilizan? Ah, sois numerosos, gracias. En esta conferencia voy a explicaros primero la historia, como esta historia me llegó a mí. Es verdad que todavía no está acabada, porque habrá otros descubrimientos, otras cosas que vendrán más tarde, y voy a mostraros también que no hay que venir de la Sorbona o de Oxford para hacer cosas interesantes dentro de esta nueva consciencia.

Mi nombre es Joël Ducatillon. Soy francés. Aquí a mi lado está María, que es española, y que me acompaña mucho en este trabajo. Es un apoyo femenino muy cooperativo y que me permite tener un equilibrio dentro de esta investigación.

Hace treinta años, mi primera profesión era ser músico y pianista profesional. No era un Chopin, era un pianista de Jazz, de variedades, y yo hacía mi trabajo. Ya en aquella época no ponía nunca el acento en el éxito social o en cuestiones de ese tipo: casa, jubilación, seguros sociales. Esas cosas no me han interesado nunca. La cuestión principal que siempre me ha acompañado en mi vida, y que me ha llevado a todo esto, es: ¿Quién soy yo? y ¿Por qué estoy yo aquí?. ¿Soy simplemente un bistec que se pasea dando vueltas sobre una roca, que a su vez va dando vueltas por el Cosmos? Estas son las cuestiones, un tanto verdes, que algunas veces me hacía, y que me acosaban y me hacían infeliz.

Más tarde, tomé cursos de naturopatía en París, porque yo sentía muy claramente que aquí, a nivel médico, había cosas incompletas. Me instalé como naturópata en el norte de Francia, en la región de Lille. Allí aprendí mucho de las personas que me venían a ver. Poco a poco aprendí, a través de miles y miles de consultas a lo largo de 7 años, que la enfermedad es una cosa extraordinaria como enseñanza y como regalo. Con todo esto, mi consciencia iba progresando poco a poco, la madurez se acercaba, y fui introduciéndome más y más dentro de la energía, el magnetismo, la geobiología, etc., leyendo montones de libros, como los de Anne y Daniel Meurois Givaudan, los *Dialogues avec l'Ange* (*Diálogos con el Ángel*), y en 1990, un buen día, una energía muy especial empieza a atravesarme. Y allí yo sentí, mientras sentía esta energía, que me reencontraba con mi familia, con aquella que me había abandonado sobre la tierra.

Seguido a esto, pasó que perdí a mi familia terrestre, perdí mi profesión, mi alojamiento, en breve, estaba completamente pelado y estuve en una especie de tierra de nadie, durante dos o tres años. Viví un poco en Suiza, un poco por todos sitios, siempre sin domicilio, sin dinero, y ya ven, aun estoy aquí, y vivo. Esto me hace pensar en una palabra del rey David, que decía: 'Nunca he visto al justo abandonado, ni a su posteridad mendigar su pan ' (Ps.37: 25. Si cada uno siguiera su voz, podríais partir al África del Sur solamente con un cepillo de dientes, no hay problema, tendríais alojamiento, comida y vestimenta limpia, e incluso una bañera para lavaros.

En Í994 empecé a tener tres sueños que en verdad dieron un pequeño impulso a esta investigación. Yo sabía que ya no podía asistir a la gente tal y como lo hacía dentro de la consciencia de antes. Ya no me interesaba, era muy pesado para mí seguir haciéndolo, y en cualquier caso, tampoco había más clientes. Pero lo 'nuevo' aun no había llegado. Tuve por tanto, un periodo un tanto angustioso, difícil hay que decir, que me purificó profundamente a nivel de mis necesidades de confort, de seguridad financiera, de mis necesidades de tener una compañera, de tener hijos, de todos esos escenarios dentro de los cuales nos han programado durante milenios,—diremos el porqué en un momento. Tuve por lo tanto tres sueños, de bs cuales os voy a dar el contenido, y estos tres sueños me permitieron empezar en este camino desconocido que ha conducido a este agua, y que más tarde conducirá a otra cosa, ya en curso.

En el primer sueño, en el 94, me decían: tú vas a hacer un aparato, que se llamará ADN 850, y este aparato abrirá las puertas. Cerca de quince días más tarde, tuve otro sueño, donde me mostraban una puerta, tipo giratoria, como las que hay en las entradas de los supermercados. Las personas hacían cola y introducían una tarjeta dentro de un aparato similar a un cajero automático, la puerta giraba, dejando pasar a una persona, y tras la puerta había un remontador, que les subía a la cima de una montaña blanca.

La interpretación de este sueño, es la tarjeta codificada (la tarjeta bancaria es una tarjeta codificada) que permitía desbloquear las memorias celulares a fin de que las personas fueran llevadas hacia la consciencia de su yo-superior con muchos menos problemas, dificultades y pruebas.

En el tercer sueño me mostraban una tarjeta de visita, con un fondo plateado, sobre la cual estaba escrito en oro: Steel, Storm, Staelhe. Y me decían: éste, es el nombre de tu investigación. Entonces, Steel quiere decir acero en inglés. El acero se compone de hierro y de carbono. Ahora bien, sabéis que nuestro cuerpo físico, nuestro ADN, el átomo mismo de la carne física, es carbono. Hay ciertas estrellas, ciertos planetas, sobre los cuales hay razas humanas que están hechas a base de silicio. Pero nosotros, aquí, estamos hechos a base de Carbono, cuyo número es 666. Esto os recuerda a alguna cosa, ¿no? Es el número de la bestia, por tanto de la bestia dentro de la cual estamos encarnados. Nosotros somos mamíferos mejorados, o ángeles un poco disminuidos...

Storm significa la tormenta (en inglés), y es la energía de la espiral, como el ADN. En cuanto a Staelhe, no supe hasta dos años más tarde que su significado es el de una energía estelar. No me preguntéis más, ya que aun no lo sé. Quizás está en relación con la constelación de Orion, pero no lo puedo afirmar, es una hipótesis.

Con estos tres sueños, ¿qué hice? No creáis que soy un canal súper fino. Y tampoco creáis que soy un universitario súper dotado. Estuve en la escuela hasta los 16 años. Pero dentro de esta investigación me dejé guiar ¿por quién? Por las personas como vosotros, que me decían 'toma, lee tal libro' o 'hecha un vistazo por allí', 'escucha en el autobús lo que te dicen', y así he recibido mensajes a través de la boca de todos, y efectivamente, he tenido éxito en conseguir libros de mecánica cuántica, que hablan de la constante de Planck y de todas esas cosas de las cuales no conozco más que el abe, pero me es suficiente, no tengo necesidad de hacer obesidad intelectual. He tomado justamente eso de lo cual tenía necesidad para hacer lo que tenía que hacer, aquí y ahora.

Un amigo muy querido me invitó a compartir su apartamento, lo cual me permitió encontrar el espacio, el tiempo y el silencio, pues es una investigación que no se hace intelectualmente. Se hace por alumbramientos (partos) sucesivos. Dicho de otra forma, cada vez que debía encontrar algo, debía transformar algo en mí antes de encontrarlo. Pero antes de encontrar lo que debía transformar, necesitaba a veces de dos o tres meses.

Era como si memorias tuvieran que ser transformadas a fin de volverse transparentes y que así yo pudiera acceder a este conocimiento que conozco desde la Atlántida, puesto que en la Atlántida esta investigación ya había sido hecha.

Por supuesto, cuando vivo este tipo de alumbramientos, inmediatamente hay algo que viene de una forma muy repentina, y en ese momento tengo el hilo conductor que me permite ir más lejos dentro de esta investigación. También sé que esta investigación es guiada, que hay seres en barcos espaciales allá, seres crísticos que me ayudan y me guían. Pero ellos nunca han hecho el trabajo en mi lugar. Dicho de otra manera, me dan un pequeño indicio, y después yo trabajo. Y lo prefiero. Prefiero hacer esto que ser un loro celeste, un loro que transmite sobre la tierra las cosas celestiales.

Estos seres que trabajan, no los conozco a todos. En mi opinión, es todo un equipo, de los cuales Mere (Madre) y Shri Aurobindo forman parte. Vosotros estáis aquí hoy, diríamos que alumbrados por la energía de Mere. No hay que olvidar que esos seres, a principios de siglo, fueron los primeros en hablar de la decodificación celular, en hablar del supramental, de la supraconsciencia, y de la nueva raza que va a habitar esta tierra en la nueva era. Y nosotros somos, nosotros, los embriones, los fetos de esta nueva raza. Vamos a pasar del hombre mamífero al hombre crístico. Estamos en este período de adolescencia difícil de vivir, porque tenemos un pie en el sistema antiguo y un pie en el nuevo, y es muy incomodo. Shri Aurobindo y Mere han sido educados los dos dentro de familias completamente ateas, lo que les empujó hacia un misticismo emocional, que encontramos mucho en las gentes que hacen un camino, un estilo, que yo no crítico pero que puede convertirse en una trampa, porque parecería que fuera el nuevo vino metido dentro de los odres viejos, o lo que es lo mismo, los nuevos conocimientos metidos dentro de viejas estructuras de funcionamiento tomadas de nuestro pasado religioso. Es apropiado atravesar por ahí, pero no hay que quedarse ahí. Hay que ir mucho más lejos, puesto que en lo que a mí me concierne —y puede que el agua diamante lleve a las personas hacia esto— hay Dios en todas partes, dentro de todos los átomos, dentro de todos los electrones, dentro de toda la materia que existe, nosotros mismos somos una parte de Dios, y Dios es una parte de nosotros.

Por tanto esta historia de separación lleva a experimentar un misticismo emocional en compensación por el mal vivido sobre la tierra. Es interesante vivirlo, pero no hay que quedarse. Hay que ir más lejos, para transformar la carne misma, los huesos y la médula en luz, dentro de esta nueva consciencia. Hay quienes no están de acuerdo conmigo, pero esto es lo que yo vivo, y no digo que tenga razón. Por tanto, lo aceptáis o no lo aceptáis, lo tomáis o no lo tomáis, todo es justo.

Siguiendo esta investigación, en 1996 nació un primer aparato, que era un cilindro en plexiglás, dentro del cual había una espiral de energía. Yo lo llamaba la lavadora. Lo metíamos dentro de una habitación donde habían un montón de bebés que lloraban, y era suficiente pedir en voz alta : « tengo la intención que esta habitación se vuelva más pacífica, más serena » y en diez segundos estaba listo. Los perros se iban a acostar, los bebés paraban de llorar, y se sentía que la energía crepitaba, que descendía a lo largo del cuerpo.

Solamente un año o año y medio más tarde nació un pequeño aparato en vidrio, que os muestro aquí, un pequeño tubo de vidrio muy simple, claramente banal, que se mandó hacer a un soplador de vidrio. Este aparato es un tipo de ADN artificial de luz. Los clarividentes ven espirales de luz, y hay geometrías que se imprimen dentro como en el ADN. Por supuesto, para que fuera impreso, yo tuve que hacer todo un trabajo a nivel de cambiar el aire que hay en el interior, así como un trabajo sobre la geometría, las matemáticas. Hay alrededor de 900 códigos dentro de cada aparato, lo cual implica un gran trabajo en cuanto a codificación.

Cuando este aparato nació, comprendí entonces el sueño acerca de las tarjetas codificadas. Entonces tuve la idea de jugar con los números y de encontrar las respuestas. Los números son los ritmos del espacio/tiempo. Por supuesto, el espacio/tiempo es una ilusión, los números también. Pero para nosotros aun son necesarios. Entonces, podéis ver dentro los cubos, los dodecaedros, los triángulos, los tetraedros, los isocaedros, imágenes rítmicas del espacio/tiempo, que se manifiestan dentro de la dimensión en la cual nosotros vivimos, y podéis ver también que los números no están ahí por azar. Además, detrás del número, está el sonido.

Como yo soy músico, esto ya me iba bien. La energía pasaba por mí desde hacía 10 o 11 años, y eso también me iba bien. Encontraba series de números que traducía en música, que tocaba en el sintetizador, en un estado bien centrado. Como consecuencia, energías estelares y otras energías que yo no conocía, se registraban dentro del vidrio. Pero para eso había que poner primero el tubo dentro de un circuito oscilante.

¿Conocéis los circuitos oscilantes de Lakowski? Lakowski experimentó con círculos de cobre, de acero, etc., que se podían poner alrededor de las plantas y se dio cuenta de que curaban las enfermedades, que se fortificaban. El laboratorio de Ginebra, el CERN (Centro Europeo de Investigación Nuclear — Centre Européen de Recherche Nucléaire) utiliza un acelerador de partículas que es, como por azar, un cable de acero, que tiene 27 Km de circunferencia. El 27 es 3 x 3 x 3. Es el número del salto cuántico.

Voy a intentar ser simple. ¿Qué es un salto cuántico? Cuando subís una escalera y de pronto, no hay más pared, no hay más escalera, no hay ascensor para llegar al piso superior, y una vez en lo alto de la escalera, de repente, os encontráis en el primer escalón del piso siguiente, entonces habéis hecho un salto cuántico de consciencia, un salto cuántico igualmente en la materia.

Después de haber hecho este circulo oscilante, que tiene 27cm de circunferencia, basta con pronunciar verbalmente un mantram delante de este círculo en suspensión, con el tubo de vidrio en el centro del mismo círculo, y una vez que el mantram ha sido hecho, constato que un hilo de luz sale del círculo exterior, se dirige hacia el centro del tubo, y vuelve hacia el exterior, quizás varias decenas de veces o cientos de veces por segundo, y esto crea un tipo de 'break' a nivel del aire que está dentro del tubo. Hay un 40% de aire del tubo que se transforma entonces en kriptón. El kriptón es un gas pesado, que encontramos por ejemplo dentro de las bombillas luminosas como el neón, el argón o el freón, y es un gas que memoriza los sonidos.

Seguro que, más tarde, habrá científicos que harán experimentos sobre esto, por resonancia magnética, etc. Mi función no es probar lo que hago, sino transmitirlo. Yo no tengo ninguna base científica, ninguna prueba de lo que os digo, y no tengo necesidad de tener razón, ¡y por tanto nadie podrá decir que estoy equivocado!

Una vez que estos tubos estuvieron hechos, yo ni siquiera sabía que servirían para hacer agua, pero dispuse a pesar de todo de mensajes y de signos. Me decían, «esto será quizás agua...», y en el mes de octubre del 99 nació la primera «agua diamante». Ya había al menos 700 códigos dentro de mis tubos, pero en aquella época aun no era multiplicable: había que meter unas gotas dentro de un poco de agua, emitir una intención, y bebería. Y no iba nada mal.

Entonces fui invitado a ir a París, en el mes de Noviembre, para explicar esta investigación delante de un grupo de personas, las cuales eran todas Judías que estudiaban la Kabbala. Me pregunté por qué había sido invitado allí, por qué la vida me llevaba a este sitio, y comprendí que debía introducir los códigos de la lengua hebrea. Comprendí esto quince días después, una vez que volví a casa. Me compré un libro sobre las letras hebreas, el «Royaume de la splendeur de Marie Elia». Después de la lectura, comencé a hacer cálculos sobre estas letras. Y ocurrió que fueron 144 códigos, 12 veces 12, los que fueron añadidos a mis aparatos.

Metemos entonces un aparato dentro de un vaso de agua, esperamos 12 horas, y disponemos rápidamente de un vaso de agua diamante que se puede multiplicar y compartir con todo el mundo.

He aquí, a grandes rasgos, la historia del agua diamante. Ahora dejaré que hagáis preguntas, ya que seguro que mientras hablo de todo esto, olvido muchas cosas, y sois vosotros quienes vais a recordármelas. Tan sólo es a partir del mes de abril del 2000 cuando este agua deviene multiplicable, gracias a los códigos hebreos. Siento ahora que debo deciros el por qué de estos códigos hebreos. En la Atlántida, hace treinta o cuarenta mil años, todos pasamos por una modificación del ADN. Quizás hayáis oído hablar, pues ahora es conocido, que hace tiempo todos nosotros teníamos 12 hebras de ADN—algunos dicen que 36. Pues bien, ahora ya no tenemos más que 2. Parecería que el hecho de disponer de sólo 2 hebras de ADN nos hizo sumergirnos en un sistema de consciencia del bien y del mal. Es muy fácil, para aquellos que quieren jugar un poco con nosotros, manipularnos a través de las riendas del bien y del mal, tal y como se dirige una carroza con caballos.

Parecería que muchos entre nosotros, y yo en cualquier caso, inocentemente, de manera naif, involuntaria o voluntariamente, habríamos contribuido a este bricolaje, porque en aquella época, aun con la tecnología avanzada de que se disponía, a base de cristales, a base de intercambios inter-espaciales, interculturales, etc, éramos muy naifs: « ! Todo el mundo era amable y gentil » Y no es por casualidad que ahora yo haya sido guiado hacia esta investigación, porque yo contribuí de alguna manera a todo aquello.

Por tanto, parece como que en esta vida actual, y después de no pocas vidas, me haya preparado para hacer sistemas, medios para que los seres humanos que somos, en cualquier caso el ser humano que somos todos aquí, pudiese tener un terreno genético favorable a los sucesos que van a llegar de aquí al 2012, y que ya han comenzado. ¿Por qué? Porque para devenir Cristo, es la carne quien deviene Cristo, es verdaderamente toda la carne la que se transforma, hasta los dedos de los pies. Si la genética no está lista, la carne arde. Está claro para mí, es mi visión de la realidad, no digo que sea verdad.

Me fue dicho en un sueño, que a todos aquellos que se habían perdido en el desierto del Neguev, tenia que recogerlos de nuevo. Es el rol que me toca jugar en tanto que transmisor. El desierto del Neguev se encuentra en el sur de Israel. Es allí donde fue enterrado Abraham. El desierto del Neguev representa los seres en relación con IS RA EL, cuyo nombre viene de ISIS, superviviente de la Atlántida, RA, superviviente de la Atlántida, y ELOHIM. Se trata pues de recoger a aquellos que, a causa del virus informático implantado en nuestro ADN, tienen su sexualidad femenina completamente bloqueada, en el estadio de la consciencia mamífera, a nivel del sistema reptiliano.

El gran problema que ha hecho que nos quedemos un poco primates —y digo un poco para ser amable— es que la sexualidad femenina, tanto en los hombres como en las mujeres, ha sido implantada, o sea que un tipo de virus ha sido metido dentro, porque todos los colonizadores que querían hacer de la Tierra una buena tierra de esclavos sabían muy bien que el día en que nuestra sexualidad femenina sea realizada, seremos capaces de ir a la antimateria, de teleportarnos, de materializar el pan que comemos; que no tendremos más atracciones, ni fascinaciones, y por tanto no más repulsiones, no más sufrimientos, no más desgracias, y que seremos poderosos.

Aquellos que se perdieron en el desierto del Neguev somos todos nosotros. Y es a causa de esta energía reptiliana por la cual pretendemos ser propietarios de un ser humano porque parece ser nuestro hijo, nuestra mujer o nuestro hombre, o nuestro padre, nuestro hermano, nuestra hermana. Ahora bien, cuantas más 'm' hay, mi, me, mis, más lejos se está de la verdad, porque de hecho sobre la tierra, no hay más que un ser, un solo Humano con más de 6 mil millones de células, y quizás el doble o el triple que no están encarnados, que constituyen el cuerpo energético de esta humanidad, donde viven los muertos, quienes no están muertos del todo.

Creo que esta investigación ha sido hecha para abrir la consciencia a ese nivel. Las primeras personas que recibieron el Agua Diamante, fueron aquellas que asistían a la conferencia de Plazad en Dordogne, allí donde Anne y Daniel Meurois Givaudan activaron y abrieron las consciencias de tal forma. En ese momento, todavía la vendía, la vendía en pequeños frascos, y enseguida la gente la multiplicaba. Gracias a ese dinero pude ir a Canadá, al Quebec, y propagarla y a partir del 1 de Junio se volvió completamente gratuita.

Se puede decir que ahora mismo hay cerca de 60 países o pequeños grupos que la utilizan, o individuos aislados. Hay hasta en Tahití, Nueva Zelanda, Australia, Estados Unidos, un hospital en México la utiliza para los enfermos, hay en Turquía, bastante en Polonia, en Rumania, en Hungría, en Bulgaria, en Rusia, en Japón, en China, en África, en Abidján, en Cabo Verde, en la India, en la Amazonia... Mirad, ella se ha extendido sin que yo haya hecho nada. Yo me quedo allí, sentado en mi habitación, continuando con mis investigaciones, y la gente se la pasa, se la dan y la comparten. Por tanto, aquellos que no tienen pueden venir y tomarla de aquí, y yo les aconsejo compartirla con otros. Algunas veces hay personas que dicen : « Sí, pero yo prefiero tenerla directamente de usted, mejor que de mi vecino, o de mi amigo, porque sé que no siempre está bien, y pueden laber malas energías dentro ». Bueno, yo os garantizo que eso no es posible, ya que este agua está a nivel de la quinta dimensión. Vamos a hablar de ello.

No es un agua que os va a curar, un agua que os va a aliviar, un agua que va a satisfacer los deseos egoístas de confort, de buena salud y felicidad. Es un agua que actuá como un espejo, ella es vuestro espejo. Si hay mucho amor en vuestro corazón —y en todos vuestros corazones hay— pero que está escondido, velado por pantallas, y vosotros no lo expresáis, incluso en ese caso, el agua no os hará nada, ningún efecto. Si aquellos que son apasionados de la radiestesia quisieran medir el agua con su antena de Lecher, las medidas darán : 0. No encontrarán nada de nada. De hecho, lo que habrán encontrado dentro del agua será ellos mismos. Porque mientras uno está en la tercera dimensión, existe el bien y el mal, hay dos objetos que se observan frente a frente. Se dice 1 y 1 = 2. En la cuarta dimensión, cuando hay 2 objetos, estos 2 objetos tienen una relación en común, que aquellos que tienen la suficiente lucidez pueden ver. Entonces 1 y 1 = 3. Pero en las otras dimensiones, las cuales no conozco demasiado, esto va más lejos : los 2 objetos tienen una relación de interior a interior, de exterior a exterior, cada uno en el plano donde está, con el exterior, con el profundo, con el alto. Entonces 1 y 1 = infinito. Ahí, las matemáticas ya no quieren decir nada.

Os digo esto porque en la quinta dimensión, el bien y el mal son un poco como el hilo 'más' y el hilo 'menos' de una bombilla eléctrica, que se encuentran atrapados dentro de una bombilla donde no hay aire, por tanto nada de programación mental, y la luz pasa a través de ellos dos automáticamente, sin que se toquen. Si se tocan, hay un cortocircuito en el contador: es la guerra de Kosovo, es Jerusalem y los Árabes. ¿Por qué? Por que se tocan: no dejan que haya Dios entre los dos. Llenan este espacio con sus recuerdos del pasado kármico, y sus reacciones emocionales están cargadas de todo ello. Esto da por tanto una continuidad en vez de una contigüidad, y causa de ello se produce desunión, es la guerra. También es así con la enfermedad en nuestro cuerpo. Pero a partir del momento en que dejamos hacer a la vida que anima las flores, los ratones, los microbios, los mosquitos, las abejas, los pequeños gatitos y los bebes, automáticamente viene la luz, y eso es la quinta dimensión. En ese momento, el más y el menos se convierten en los motores y los alimentos de esta luz.

¿Sabéis porqué hay tantos problemas en este mundo, desde hace miles de años? Es porque buscamos hacer el bien. Voilá: cuanto más bien queremos hacer, más atraemos el mal. Si se quieren hacer 10 kilos de bien, se atraen 10 kilos de mal. Si se quieren hacer 20 kilos, porque encontramos que aun está bastante mal, obtendremos diez kilos de mal suplementarios. Y así será la escalada hasta que todo se colapsa. Ahora mismo llegamos al colapso de este sistema. Aun dispone de 10 o 12 años para colapsar, estamos metidos dentro de lleno. Estamos dentro del Apocalipsis, dentro de la Revelación: todo está en proceso de desvelarse.

Voy a daros algunos ejemplos. Hay dos o tres casos como este, de una persona que tiene memorias de otras vidas en las cuales ella practicó la magia negra, cosas de energía oscura. No digo que esté mal: ella debía pasar por ello. Y esta persona no llega a beber el agua diamante. En cuanto se acerca el vaso a la boca, bien tiene ganas de vomitar, bien el vaso se rompe, o ella se pone enferma. Es muy posible que si ella acepta que tiene esta memoria oscura en ella, entonces podrá bebería de seguida. Pero mientras que ella no lo acepte, no funcionará.

Pasó también que una persona recibió un día la visita de una entidad oscura y aterradora. Por la mañana, cuando fue a buscar su botella de agua diamante para beber, podía oler el vaso. Esta persona hizo enseguida un trabajo de aceptación; tomó consciencia de que si ella había atraído un ser de esa calidad, es que ella también estaba implicada por algo. A partir de que ella hizo este trabajo de aceptación, el agua comenzó a oler a rosa; hubo un cambio completo.

Otra experiencia pasó con una persona con SIDA, en Turín, en Italia, hace 3 o 4 meses. Una señora me dijo: «En la terraza del café, me he encontrado una transexual. He hablado con esta persona, y ella me ha dicho que tenía el SIDA, que estaba condenada. Yo le dije: si tu quieres, en casa tengo agua que te podría ayudar. Voy a preparar para ti, espero tu llamada y vienes a buscarla ». Intercambiaron sus números de teléfono, y esta señora esperó 2 días, una semana, 3 semanas sin novedad. Intentó contactar con esta transexual, pero no respondía, nadie respondía, y ella se dijo que algo había pasado. Me encontré a esta señora en Turín, dos meses después de este suceso, y aun tenía su botella en la cocina y se decía que, el día en que ella venga, se la dará. Y me preguntó: «¿Cómo es posible que en el fondo de mi botella, haya una capa de restos sólidos de un centímetro de espesor?» Mirad, este tipo de cosas, al principio, yo no las comprendía. De hecho parecería como si que el hecho de que esta transexual afectada de SIDA hubiese aceptado beber esta agua debió ciertamente acelerar su partida. Pero sabéis que cuando uno muere por este tipo de enfermedad, en el otro lado no se está siempre curado. Su aura estaba corrompida, agujereada, y automáticamente esta botella hizo un trabajo de curación sobre este ser que está en el más allá.

Sabed que hay personas que os dicen, « este agua es negativa », dejadlas decir, es su verdad. Pero vosotros podéis decir igualmente que si ellas reconocen en ellas la negatividad que esta agua les muestra, como un maestro, como un espejo, en ese momento todo cambiará. He visto algunos radiestesistas y gente que medían con la antena de Lecher, que se quedaban pasmados porque cada vez que la medían, nunca era igual. Y yo digo « es normal, porque ustedes se mueven, el agua les muestra eso ». Un día, un hombre de gran valor, de una gran erudición, no lo dudo, me pidió si podía medir el agua. Allí había botellas de agua diamante y de agua diamante vegetal. Esta última hecha para las plantas, las legumbres, los árboles. Este agua vegetal es la misma que la otra, a parte que he añadido, con este aparato que es un poco más grande, 48 códigos para las raíces, las hojas, las flores, los granos, como me fue pedido que hiciera.

Yo le dije, « si señor, pero atención, pues es usted mismo quien se va a medir ». Me miró con un aire de decir «¿Qué me dice ahora, este jovencito?» Es un señor que tiene cerca de 80 años creo, y yo le dije: ok. Él midió el agua vegetal y me dijo: «Oh la la, es increíble, mi antena no es lo bastante alta de tan fuerte que es». Seguidamente midió la otra y dijo:»Esta de aquí, para mí, es tan mala como el agua del grifo».

Veis por tanto este tipo de paradoja. Yo le dije con mucha diplomacia que era porque él no tenía necesidad de este agua, que ella se lo había mostrado. ¿Qué le había mostrado esta agua? Le había mostrado a este señor, y esto lo digo sin ningún juicio, que todas las gestiones que había hecho para promover la salud natural — lo cual era maravilloso y necesario, sobre todo en la época cuando él comenzó, en los años 40/50 — no había verdaderamente activado su evolución interior. ¿Lo veis? El agua le mostró eso. Actualmente no se como le va. Desde mi punto de vista el no debe tomarla, pero es también su verdad.

Algunas veces veréis que personas de edad avanzada no querrán tomarla, porque intuitivamente, incluso si están abiertas a una investigación de quienes son y hacia donde van, el agua juzga de manera apropiada que no merece la pena que ellas transformen su carne, porque de toda manera van a morir y reencarnar sobre la «nueva tierra». Mientras que para muchos de nosotros, nos es prometido, en todo caso si alcanzamos el nivel vibratorio suficiente, de no morir y de ser retirados de la tierra durante los sucesos para volver transformados. El apóstol Pablo habla de ello, muchos hablan, y yo creo que el agua diamante es un medio para esta transformación.

Este agua diamante está siendo actualmente distribuida en muchos países; ha sido puesta en muchos mares, lagos y ríos, y yo os garantizo que cuando vais a un lago donde el agua diamante ha sido puesta, aquel con un poco de «feeling» hace la pregunta, y siente rápidamente la energía descender: este agua está allí. Por ejemplo, si metéis en el agua diamante flores compradas en un comercio, que han crecido con productos químicos, como se hace mucho actualmente, no van a mantenerse mucho tiempo, porque no están vivas, no están activas. Por el contrario, si metéis una flor de vuestro jardín, que ha sido atendida naturalmente y con amor, se va a mantener mucho más tiempo. Podéis poner igualmente ramas de frambueso, y van a brotar, florecer y dar frambuesas en vuestro jarrón, en vuestra casa.

Mirad, la vida es algo que destruye y transforma todo lo que no está vivo, en todo caso la forma de eso que no está vivo. Esto hay que comprenderlo bien: no hay que fiarse de las apariencias. Por ejemplo, si un niño bebe el agua diamante y tiene unas buenas anginas 15 días después, las personas dirán: «es a partir de que el bebé toma el agua diamante que tiene catarro, granitos, etc.». Pero es formidable, está limpiándose, transformándose, porque la vitalidad de las glándulas y de su sistema nervioso aumenta. Hay personas que dicen: «desde que toma el agua diamante, no tiene más ganas de hacer este trabajo, tiene ganas de cambiar, ¿cómo es posible?» Es porque su alma tiene mucho más efecto sobre el robotismo celular que le empujaba a robotizar debido a los miedos, debido a la falta de dinero, debido a la mirada de los otros.

Se recomienda que esta agua sea bebida por todo el mundo, pero sobre todo por los jóvenes, en particular las jóvenes susceptibles de quedarse embarazadas, porque en el nacimiento, cuando la madre ha bebido el agua diamante, el bebé sale de la vagina como si saliera del cine. Dicho de otra forma, el corazón no se embala, el bebé no se desespera y está contento de salir; ya no tiene este gran pánico a entrar dentro de un cuerpo físico y de estar completamente contorsionado. ¿Por qué es así? Porque el ADN ya ha cambiado.

¿Qué es el ADN? Actualmente, son dos filamentos que una vez desplegados hacen 2 metros de altura. Sobre un filamento hay un 10% solamente, o sea 20 cm, que codifican 4 bases: A C G T (Adenina, Citosina, Guanina, Timina). Estas 4 bases se ordenan en diferentes secuencias, formando palabras de 20, 50, 100, 400 letras. Estas palabras son mensajes. Estas palabras son copiadas en un pequeño ADN espejo (ARN) quien a su vez, siendo móvil, es quien recepciona el mensaje. El ARN envía este mensaje a una célula fábrica — llamada ribosoma — y este ribosoma fabrica con este mensaje un gen.

¿Qué es un gen? Es un chip Ya que, en nuestro cuerpo, nuestras células son disquetes, y nuestro cuerpo físico, psico-emocional, es un ordenador de seis millones de millones de células — no se como se lo hacen para contar, pero esto es lo que dicen — donde hay millones y millones de disquetes de programación, que van a dar órdenes a las células del cerebro, del corazón, del hígado, etc. ¿Os dais cuenta de la complejidad, y al mismo tiempo de la simplicidad? Esto tiene un lado maravilloso. Nicolás Tesla ya dijo: «Somos ordenadores, máquinas de energía libre, y las almas encarnan a través de estas máquinas hechas por la Tierra madre para expandir el cuerpo de Dios a través de lo desconocido». ¿Por qué he dicho esto? Porque el 90% del filamento de ADN que no codifica nada, hasta ahora los científicos decían que era «junk DNA», o sea, ADN sin valor. Dicho de otra forma, el Creador había tenido un capricho, nos había puesto miles de millones de clavijas que no sirven para nada. De hecho, ¿por qué nos han dicho esto? Porque el ramo de flores, está aquí. Es en esta parte intrónica, que no codifica nada, donde se encuentran las geometrías fractales que van a cambiar la manera en la cual los bancos de datos de la parte codificadora se van a hacer.

Estas geometrías fractales, han sido cuando menos reconocidas por los científicos, y algunas veces han aparecido artículos en revistas vendidas en librerías. Estas geometrías, es por ellas que el alma, en el interior, puede transmitir a la genética, su bolsa kármica, sus memorias, las cuales se van a grabar en las células. Es con esto que los guías, el Yo superior, eventualmente los ángeles también, poco importa su clase o nivel de consciencia, se comunican con los cuerpos vibratorios y transmiten los mensajes a través de un lenguaje geométrico.

Lo que yo creo, es que las entidades que no son de nuestro mundo material densificado, y que podríamos decir por tanto que están en la anti-materia, no corresponden con un lenguaje hecho de palabras con puntos y comas, de pretéritos perfectos y de adverbios, sino con un lenguaje geométrico. Es decir, que se mete todo un conocimiento dentro de una forma geométrica, se emite hacia el otro, y a la velocidad de la luz el otro recibe el conocimiento que se va a adaptar a su propia consciencia. En este caso no hay riesgo de repetición del conocimiento del otro, ¿lo comprendéis? Por tanto no hay riesgo de relación de maestro/discípulo. El otro integra con su consciencia su propio conocimiento en sí mismo y no el del otro. Dicho de otra forma, no es el perrito que va a comer las migajas que le tiran. Ya hemos vivido eso y nos hemos beneficiado mucho de ello.

Viniendo a esta región de Revel (Haute-Garonne, Francia), he hecho un trabajo sobre mí, María también. Porque nos hemos dado cuenta de que había en esta región memorias antiguas, que yo también tengo en mí mismo, de sectarismo entre las enseñanzas católica y protestante. Por otra parte esto me causó no pocos dolores, la tarde que llegué allí. Y aquí, en Montesquieu-Volvestre, siento en la tierra memorias de una gran austeridad, rígidas, ascéticas, pero que dan en el opuesto la posibilidad de excesos de placer, sexuales, alimenticios, etc. Se siente todo esto muy claramente en esta tierra. Vosotros que habitáis en esta región, tomando el agua diamante y transformando, incluso sin saber, las memorias todavía presentes, entráis en resonancia con aquello que llaman los campos morfogenéticos, dicho de otra forma, con la red que entra en resonancia con todos los otros humanos, los cuales no hacen el mismo camino, que son el panadero, el paisano de al lado, el cartero, los niños, los abuelos, y automáticamente vosotros ayudáis a la transformación de esta memoria terrestre.

Mirad, detrás del agua diamante hay todo esto, e incluso aun otra cosa. Después de este año, el 2001, el agua diamante ha recibido nuevos códigos. Sabed que ha medida que introduzco nuevos códigos, incluso si tenéis el agua desde hace un año en vuestra casa, los nuevos códigos se transmiten a ella en vuestra casa. No hay necesidad de venir a buscar el agua a mi casa, no hay problema. A menudo, por otra parte, ciertas personas sensibles me llaman para decirme: «Sabes Joël, ha cambiado el gusto, tiene un gusto a cobre—o un gusto más dulce, o un gusto más fresco. ¿Qué has hecho?» Entonces les digo que he añadido 10 o 15 códigos nuevos, ayer. Y a la mañana siguiente las personas lo perciben, porque en esa dimensión, no hay necesidad de cambiar el agua, los nuevos códigos se añaden automáticamente tanto en los codificadores como en el agua. Y por tanto también sucede así en las aguas que han sido metidas en los lagos o ríos, y que continúan multiplicándose hasta el infinito. Hay un ejemplo que podéis ver en el web site, para aquellos que quieran verlo o puedan verlo, de un señor que puso 1.5 litros de agua diamante dentro de una cuba de 400.000 litros de agua, en una central nuclear.

Este agua estaba contaminada con plata 110, cobalto 60, cesio, cadmio, etc., todos los metales pesados que son extremadamente peligrosos. Removió el agua una vez vertida el agua diamante, y 7 días más tarde hizo un análisis espectrométrico. Creo que consiste en enviar ondas al agua, y según la respuesta que se obtiene sobre un gráfico, se puede ver que metales y que contaminantes están presentes en el agua. Estaba asombrado, porque en 7 días había un 10% de metales pesados que habían desaparecido completamente. Y estoy seguro de que si hiciéramos una análisis un mes o dos más tarde, a menos que sigamos añadiendo agua contaminada en la cuba, no habrá nada de nada, el agua será pura.

Hay por tanto un fenómeno de descontaminación. Al principio, el agua diamante no estaba prevista para esto, pero creo que ha medida que elevamos el nivel vibratorio de un agua, y también de vuestras aguas internas, vuestra sangre, vuestra linfa, vuestros líquidos extra-celulares, vuestros líquidos intra-celulares, automáticamente disminuyen los daños que pueden provocar los contaminantes alimentarios, los contaminantes de los medicamentos, gases, etc. He aquí uno de los efectos del agua actualmente

Hay personas que a veces me preguntan: ¿puede usted probar que este agua hace efecto científicamente? Es el tipo de cuestión a la cual, en general, no respondo. Yo digo a las personas: «Haga la prueba con animales, ellos no mienten». Si tenéis caballos que tienen abrevaderos de agua, algunos de los cuales son de agua diamante, se apartan y empujan entre ellos para ir a beber de aquellos que tienen el agua diamante. Con los perros y los gatos ocurre lo mismo. Cuando han bebido este agua, ya no quieren ir a beber fuera, en los charcos de agua o en los jarrones con flores. Con los pequeños peces en los acuarios, pasa lo mismo, igual que con los pájaros. Es para mí una prueba de que este agua tiene algo de diferente. Para mí, es un agua que esta llena de amor, llena de inteligencia, y que responde a las necesidades del utilizador, como me fue dicho en un sueño.

Vamos a hablar un poco de las intenciones, pero antes quiero deciros algo. Desde el mes de enero, se han introducido códigos en el agua diamante un poco más en relación con lo físico. Dicho de otra forma, códigos de vitaminas, de hormonas, de minerales, particularmente 36 metales de la tabla de Mendéléiev. Conocéis los más habituales como el calcio, el potasio, el flúor, el magnesio, el selenio, el cadmio, etc. Si hiciéramos un análisis químico de este agua, ya sea hecha a partir de agua Vittel, de Mont Roucous, de agua del grifo o de agua de lluvia, no encontrareis ningún metal, excepto aquellos ya existentes en el agua y que podemos ver en la etiqueta de la botella de agua mineral, pero ellos existen bajo la forma de códigos, como un agua informática. Lo que hace que si vuestro cuerpo está falto de hierro, por ejemplo, va a buscar en el ordenador del agua y va a fabricar su átomo de hierro con el código que hay allí. Por tanto, vais a tener allí un átomo de hierro, o de calcio, o una vitamina B12 o B1 que es la vuestra, que habéis creado vosotros mismos en vuestro nivel de consciencia.

Hemos tenido ejemplos de personas que sufrían de anemia, o descalcificación, y que ahora no toman ningún medicamento o complemento alimentario. Después de haber bebido el agua durante dos o tres meses, sus análisis son impecables. Pero tengamos mucho cuidado aquí. Esas personas son personas que tienen una relación de amor con el agua En la quinta dimensión, uno no toma cualquier cosa para curarse. Eso es en la tercera dimensión. En la quinta dimensión uno se vuelve la cosa, la ama, está asociado con ella. Si estáis en la naturaleza por ejemplo, y os dais un golpe muy fuerte, o sois mordidos por una serpiente, si llamáis a los elementales de la naturaleza, los pequeños ángeles de la naturaleza, los elfos, y los amáis, y si vuestra aura no es muy desagradable, a causa de esquemas de celos, provecho, engaños, que todos tenemos a veces, incluso inconscientemente, en ese momento podéis estar seguros de que en los diez minutos que siguen vuestra herida será completamente sanada. Yo he hecho esta experiencia varias veces, también sobre otras personas, llamando a los elementos de la naturaleza. Es en este sentido que debéis considerar al agua.

Ahora por favor, no os volváis hacia un exceso de sacralidad, ya que aun sería hacer una diferencia ente este agua y todo lo que existe, y eso no es justo, no está en el amor. Cualquier otro agua es igualmente sagrada. Digamos que el agua diamante es un poco más viva, no es una panacea, ni un hallazgo milagroso. Ella ha sido hecha para aumentar vuestro discernimiento en relación al itinerario previsto a lo largo de vuestra encarnación. Ha sido hecha para llevarlos a ser más rápidamente guiados en vuestras relaciones, en la elección de vuestra profesión quizás, vuestra elección de la residencia, o en las decisiones a tomar a nivel de vuestra situación, interior y exterior, según el lugar a donde hayáis llegado según vuestra hoja de ruta — si tenéis 15 años, 40 años o 70 años, se entiende — y según aquello que haya sido cumplido o no haya sido cumplido. Pero sabed una cosa, es que esta agua no os hará nunca vivir cosas que no podáis en ningún caso soportar, cosas demasiado duras. Al contrario, ella va a reducir las pruebas, facilitar los pasajes iniciáticos para que podáis llegar con menos sufrimiento y sobre todo más rápidamente.

A esos códigos de vitaminas, minerales, etc., han sido añadidos códigos en relación con las constelaciones, no sé muy bien porqué, quizás porque entre nosotros hay almas que vienen también de Orion, de las Pléyades y un poco de todos sitios, y que cuando llegue el momento — en el momento de los sucesos más bien cruciales—serán reconectados con el parentesco que les conviene y al cual están afiliados. Han habido también códigos en relación a los sólidos Platónicos, en relación con ciertas formas geométricas, y sobre todo en relación con la flor de la vida (ver figura). Hay sobre estas hojas el diseño de la flor de la vida, lo podéis tomar. La flor de la vida, no son los números marcados en el papel, es un sistema, un diseño que encontramos en las grandes pirámides de Egipto, así como en las pirámides Mayas en América del Sur. Es Drunvalo «Melchisedek» autor el libro «El Antiguo Secreto de la Flor de la Vida» (actualmente hay 2 tomos), quien reveló esto al mundo. Él ha hecho toda una investigación sobre esto después de 15 años, y ha encontrado que este diseño abarca y comprende casi todas las geometrías: el dodecaedro, el icosaedro, etc., incluyendo los diseños de la formación del átomo, y incluso el de una primera célula en una fecundación. Encontramos este diseño en muchas plantas, flores y frutos.

Me fue dado el año pasado, de encontrar los números de la flor de la vida. Os fijaréis que van del 1 al 37. Si multiplicáis 37 por 18, eso da 666. Si multiplicáis 37 por 27, la cifra cuántica, obtenéis *999*, que es el número del átomo de carbono elevado a otra consciencia y que llamamos diamante. Aquellos que quieran divertirse con una calculadora verán que hay cosas bastante sorprendentes, en especial la cifra 19 que está en el centro, que es el número del germen potencial de todo suceso que existe aquí y ahora, en el pasado y en el futuro. Las investigaciones van a continuar, y más adelante les explicaré todo esto, ya que aun no lo tengo bien entendido.

Por tanto el 19, es 12 + 7. Divertiros bien con esta flor de la vida, y si tenéis la ocasión de leer el libro de Drunvalo, aunque solo sea el primero, para daros una pequeña idea, comprenderéis muchas cosas. Si observáis este diseño sin cifras añadidas, y lo observáis con una visión un poco especial, veréis que cada cruce de líneas hace un campo merkaba, es decir dos tetraedros imbricados el uno dentro del otro. A medida que desprogramáis vuestro vehículo de todas las memorias registradas en vuestros cassetes, se forma sin vuestro conocimiento, una esfera de colores, de 9 capas de colores—no es pues el 7, es el 9 ahora—de los cuales 2 no existen en la tierra, y que son de hecho la imagen y la representación de un doble tetraedro. Por tanto, imaginad una pirámide de 3 lados y otra con la punta hacia abajo, que se enlazan la una en la otra, como la estrella de David, como el sello de Salomón, pero en 3 dimensiones, y este doble tetraedro gira a una velocidad increíble sobre 7 o 14 ejes diferentes. Y como en el caso de un ventilador, no veis las palas, veis simplemente un círculo.

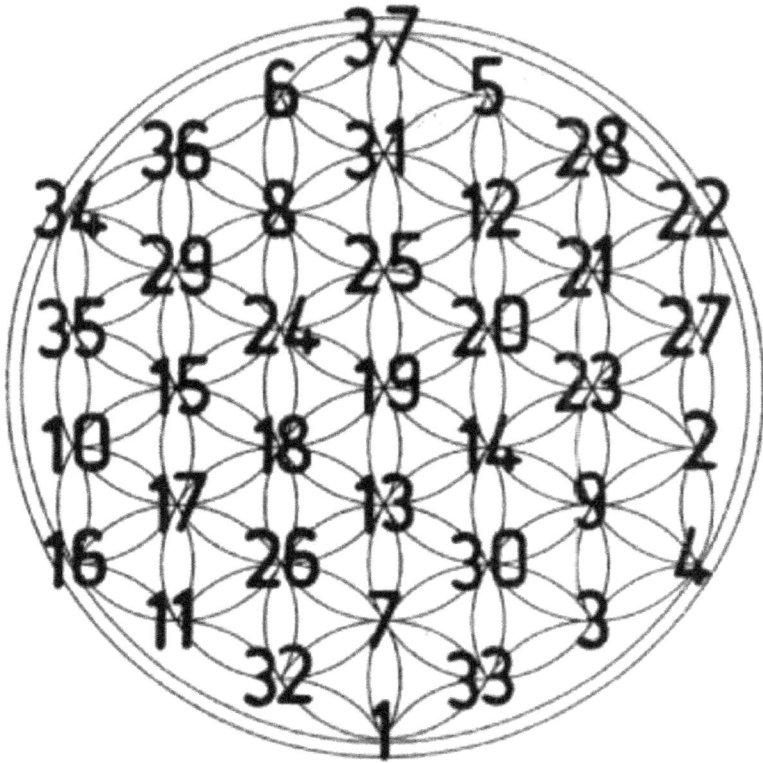

El merkaba es esto, en el nivel en el cual yo lo entiendo actualmente, se entiende. Dentro de un año os diré quizás otra cosa. Permitirá viajar a otras dimensiones, pero también al pasado y al futuro, sin necesidad del Concorde o de un proceso tecnológico especial. Y sé a través de los clarividentes que me acompañan — como mi hija a la cual veo de tanto en tanto y que es muy clarividente — que este merkaba se fabrica poco a poco. Seguro, hay prácticas y métodos para amplificarlo y desarrollarlo. Pero ese no es mi trabajo, ¡soy muy perezoso para eso! Espero que se haga solo. Mi método es, más bien, el amor: amar, amar, amar, el resto vendrá por si mismo, no quiero hacer esfuerzos.

He aquí que esta flor de la vida ha servido mucho para hacer los últimos códigos que han sido añadidos al agua diamante. Ahora, incluso si no añado más códigos, parecería que cuantas más personas beben este agua, más aumenta ella de frecuencia, aumenta en vibración, y permite trabajar sobre toda la trama energética.

Ahora voy a hablaros del *enrejado*, y seguidamente podréis hacer preguntas. ¿Qué es una *rejilla energética*? Por ejemplo, si en Japón existen una pareja de libélulas de una raza en particular, si están allí las dos y si tan sólo existe esta pareja, la tierra entera está repleta de su frecuencia energética, de su rejilla energética. Una rejilla es como un tejido de punto, una tela de araña, y que hace que su presencia, su procreación y su experiencia en la encarnación influence a toda la flora y la fauna, y igualmente a todos los seres humanos del planeta. Uno no se da cuenta, pero se llega a estos niveles. Admitamos que a continuación otras libélulas aparecen en otros lugares del planeta, sin que haya habido una procreación, sino solamente bolitas de luz que se aglutinan y comienzan a materializar otra pareja. Aun así, si la pareja maestra de esta rejilla energética muere, y si la rejilla energética desaparece, toda la raza desaparece. Es por esto que a veces nos preguntamos sobre la desaparición de tal raza de animales, o de tal tipo de árboles. Por ejemplo, he oído que ya no quedan más olmos en Francia. Esto es porque en alguna parte, la rejilla se ha roto, quizás debido a los radares, quizás a las microondas, o por la polución de los coches y de los aviones, no lo sé. Es suficiente que la rejilla se rompa, es como un agujero en un jersey de lana : se desteje lentamente, y todos los humanos, todos los animales y todos los vegetales que pertenecen a esta frecuencia empiezan a desaparecer del planeta. Es por ello que actualmente los seres humanos están jugando un juego muy peligroso con las ondas, el sonido y la luz — como el proyecto HAARP en Alaska — porque están empezando a destejer todo esto.

Si lo miramos al revés, y aplicado ahora a la rejilla humana, una persona que no hace verdaderamente avances en su desarrollo espiritual y que no dispone de grandes posibilidades, porque en otras vidas no llegó muy lejos, tiene en cualquier caso su importancia dentro de nuestra propia evolución. De la misma manera que nuestro dedo pequeño del pie tiene también su importancia. Si se rompe, no nos impedirá leer un libro, pero tiene en cualquier caso su importancia, y no es de ninguna forma inferior al resto del cuerpo. A partir del momento en que un cierto número de seres humanos beban este agua durante algún tiempo, pero no solamente el agua, sino que también lean libros, intenten afinar su comportamiento, afinar su subconsciente, afinar su pensamiento, automáticamente todo esto va a influir sobre toda la humanidad, y va a ayudar a que los sucesos que se acercan sean mucho menos crueles y dramáticos. Porque en cualquier caso llegarán, está previsto, no os hagáis ilusiones, llegarán (esto fue dicho el 11 de Agosto del 2001, un mes antes de los atentados de New York). Pero será menos doloroso para la mayoría de las personas, que son almas todavía incapaces de despertar porque empezaron un poco más tarde a ir a la escuela, como los niños que encontramos en el parvulario : no es su falta si han nacido más tarde. Con las almas también se da esta situación, y hay que tenerlo en cuenta.

Creo que este agua — y otros sistemas también, no solo éste — ha sido hecha con este objetivo: *cuando decodificáis a nivel celular, decodificáis a nivel de toda la humanidad al mismo tiempo*. Esto os lo puedo afirmar al 100%; lo veo, es muy muy fuerte. He aquí lo que es una rejilla energética.

* * *

Voy a hablar un poco del *agua vegetal*. Esta agua vegetal aparece en el mes de agosto del año 2000. Una noche del mes de mayo, me enseñaron un libro en el que había una escritura muy extraña y que no existe en este planeta. Había un texto que decía: *la vegetación terrestre forma una rejilla energética que está interpenetrada en su esencia por su entorno, como un holograma invertido*. Y con esto comprendí inmediatamente que tenía que hacer una investigación en relación con el mundo vegetal. Entonces creé este segundo aparato. Creé 48 códigos suplementarios, y tomando agua diamante de beber, y manteniendo sumergido este codificador una docena de horas, el agua se convirtió en un agua vegetal. Se puede beber también, no hay ningún problema, ¡no les va a salir perejil por las orejas!

Poco después, María, en meditación, vio una especie de gruesa liana, en un paisaje de tipo amazónico, y parecía como si hiciera falta ir a regar esta planta con el agua diamante vegetal. Me dije que debía ir a la Amazonia. Aunque la idea no me hacía mucha gracia, debido a los mosquitos que no me sientan nada bien, y sobre todo, tenía otra cosa a hacer. Pues bien, en el mes de septiembre una señora me vino a ver y me dijo: «Mire, yo tenía que salir el Io de septiembre hacia la Amazonia para estar tres meses, a una tribu de chamanes, pero no me fui porque recibí un mensaje en el que se me pedía esperar, que debía llevar algo allí». Y cuando en casa de una amiga se encontró con un papel que hablaba del agua diamante, comprendió que se trataba de esto, y vino a verme, y por supuesto desde el Io de noviembre, esta planta maestra de la rejilla vegetal terrestre es regada con agua diamante de manera regular. Esta planta es el *Jagube*, que es una liana, y su contraparte femenina es la *Chakronia* o *Raí na* (que significa reina en portugués), y es con estas dos plantas que se hace la famosa bebida conocida como *Ayahuasca*, que te lleva a estados modificados de consciencia, bajo vigilancia chamánica, por que la experiencia puede ser muy fuerte, y que permite hablar al ADN de las plantas. Los chamanes de allí llaman a esto la serpiente. La serpiente les habla y les dice: Si me preparas de esta manera, yo puedo ayudar a aquella persona con tal enfermedad, o que tiene este problema con su pasado, sus hijos, sus padres, etc. He visto cuadernos sobre este tema, y es extraordinario.

Y podemos decir que desde el Io de marzo del 2001, por lo tanto 120 días más tarde, la rejilla vegetal terrestre está actualmente en la frecuencia de la quinta dimensión. Por esta razón, no es necesario seguir utilizando el Agua Diamante Vegetal, la otra sirve en gran medida. Por supuesto, se necesita tiempo para que repercuta en la materia, en el átomo físico del árbol y de la planta. ¿Y esto qué quiere decir? Quiere decir que nos va a ayudar a que toda la fruta, las legumbres, las hierbas que comen las vacas, todo esto esté vivo. Dicho de otra forma, que todo aquello que haya crecido de manera 'irregular'—no digo nombres—va a perecer. Actualmente hay agricultores bio, criadores de cabras, de pollos, etc., que utilizan el agua diamante y que la dan a beber a sus animales, multiplicándola con agua del grifo, por supuesto, y hay otros que cultivan jardines y campos rociándolos con agua diamante vegetal. Pero es verdad que si mañana un agricultor que labra la tierra con abonos químicos, porque no ha podido hacer otra cosa hasta el momento—y que no es su falta, pues fue adiestrado en este método como muchos de nosotros lo fuimos en otros sistemas—comete la imprudencia de rociar todo su campo, no recogerá nada. Si hay aquí personas interesadas y que utilizan este agua, hagan una prueba sobre un metro cuadrado y observen que pasa, sino se van a arruinar.

Si se vierte en lagos, ríos, etc., es cierto que después, dado que se multiplica, se va a evaporar y va a llover, y lloviendo corre el riesgo de destruir progresivamente los cultivos no-vivos. No hay riesgo para las crías, pero influye sobre los animales enfermos. Por ejemplo en Sologne, donde muchos caballos tienen cáncer porque beben agua de los ríos y de los mares que contienen cantidad de metales pesados—esos metales pesados de los cuales ya os he hablado—actualmente hace dos meses que beben agua diamante de su abrevadero y han tenido eccemas gigantes. Es el cáncer, que está saliendo a través de la piel. Veremos la evolución dentro de seis meses o un año, depende también de la edad del cáncer. Pero con un animal que no está enfermo, no hay ningún problema.

En la zona de Les Vosges hay un gato al cual su dueña no había pensado en dar a beber agua diamante. Pero como había metido el agua dentro de una regadera para regar sus plantas, el gato fue él mismo a remojar su pata en la regadera para lavarse los ojos, porque tenia coriza desde hacía 3 semanas; los ojos se le pegaban y lloraban; tenía catarro. Así es que lamía su pata y se lavaba los ojos varias veces al día, y se curó en 8 días.

Cuando vertéis el agua, es la intención lo que cuenta. Si voy a verter el agua en un lugar y me digo: «genial, todos los campos tratados con química se van a pudrir, que bien», en este caso no estamos actuando desde el corazón. Si se hace con miedo de que esto se produzca, tampoco estamos en el corazón. Si sienten que ese agua les llama, entonces viertan un poco y observen que ocurre. Siempre es para traer vida. Porque en las actuales circunstancias, es mejor que no haya nada para comer, antes que seguir destruyendo la humanidad a golpes de OGM... El OGM es una manipulación. En el ADN se puede meter una programación. Se puede hacer un ordenador en una celda de proteína y inyectarla con una vacuna : nadie lo vería. Y entonces, desde una nave espacial se os puede inculcar un programa mental. Esto ya está en marcha, desde hace al menos dos años.

El agua no puede actuar sin el consentimiento de la persona que es el sujeto a curar o a ayudar eventualmente. Además, esta persona debe beber el agua para obtener resultados. No se pueden programar intenciones en el agua para otra persona, excepto para un bebé, un perro, un gatito, o un minusválido mental por ejemplo, que no puede expresarse, pero en estos casos uno lo siente, mientras que en la radiónica, aun se puede actuar dentro del poder. La radiónica es buena, es como el martillo que inserta el clavo, pero también podemos molestar a alguien con el martillo.

Por tanto, la ciencia avanza sin descanso, pero la ciencia enseñada en la universidad y esa que se transmite en las revistas científicas no constituyen más que migajas que tienen a bien darnos. A pesar de ello, nos damos cuenta de que avanza, porque a partir del 1943-45 la ciencia de alto nivel está ya bastante más lejos de lo que podemos imaginar. Los científicos de alto nivel han encontrado desde entonces los túneles temporales ; saben ya viajar al futuro y al pasado ; conocen el tiempo vertical. Todo esto está en camino, hay escritos sobre todo esto. Pero todos se bloquean en el 2012, ahí hay un muro (Ver el sitio : www.wingmakers.com)

En cuanto a las intenciones, no las metáis en la botella, eso no sirve para nada, pues de todas formas después de 3 horas, una intención desaparece automáticamente. Metedla delante de vuestro vaso, en voz alta, excepto si estáis en la oficina y tenéis miedo que os tomen por una persona un poco peculiar, en ese caso lo hacéis de manera discreta, centrados en vosotros mismos, y decís : tengo la intención de esto, de lo otro. ¿Qué es lo que pasa en ese caso ? Pasa lo que pasa en todos los casos, incluso cuando habláis a vuestro hijo o a vuestro vecino, hay energías que salen del plexo solar que se registran en el agua en la forma de burbujas de colores, y que los clarividentes pueden ver. Estas burbujas de colores no se mezclan entre ellas. Cuando os bebéis el agua, enviáis el mensaje a la parte intrónica de vuestro ADN, la cual va a cambiar progresivamente los bancos de datos y que va a permitir que las células rebeldes se vuelvan obedientes al rey y a la reina que sois.

Se puede manifestar una intención sin necesidad del agua diamante. La ventaja con el agua diamante es que ella hará como el trovador, que va a todas las células diciendo : «Escuchad, escuchad, ahora el rey ha decidido que debéis escucharle, ser positivas y estar de acuerdo con él para reunir las fuerzas y unirlas». Esto tiene mucha más potencia, y es mucho más rápido. Una intención que antes habría necesitado de un año para realizarse, si la metéis en el agua diamante, al cabo de 7 semanas — y algunas veces incluso antes, depende de la amplitud del problema a saldar y de su antigüedad — ya hay un resultado en la situación con la que estabais confrontados, sin corregir nada en el comportamiento de la persona que está delante, sin corregir nada en vosotros, porque en esa dimensión ya no estamos en el bien y el mal, ya no estamos en el juicio pues nada está bien o mal, por tanto no hay nada a corregir. Ni siquiera tenemos que decir a nadie : « Metete en tus asuntos ». Todo eso se acabó, pues cuando hacemos esto, ya no estamos en el amor. Es duro, ¡yo aun no alcanzo a hacerlo !

Por otra parte, tengo aquí un libro que acaba de publicarse, *Messages de l'Eau (Mensajes del Agua)*, que contiene fotos de cristales de agua congelada a — 5o, y que forma cristales como la nieve. Es un japonés, Masaru Emoto, quien ha tomado estas fotos con un microscopio, y cuando hacen escuchar música a este agua antes de congelarla, o cuando le ponen colores, o escritos, por ejemplo escribiendo sobre la botella Hitler, o Madre Teresa, y a continuación toman fotos de los cristales, estos son entonces completamente diferentes según las palabras escritas sobre la botella que contiene el agua. Si se le dice al agua : « Yo no te amo, estás loca, voy a matarte », o si le decimos « Yo te amo, eres bella », vemos cristales bien diferentes. Hay una foto tomada después de decir al agua « Hazlo » : se ve todo el cristal deformado que se vuelve casi diabólico. Cuando damos una orden a alguien, esto es lo que pasa. Dicho de otra forma, se introduce en el aura de la persona y en sus líquidos, una destrucción, ¡las fotos lo prueban ! Esta destrucción también es la nuestra, porque el otro es una parte de nosotros.

Todo tiene una memoria. De hecho, ¿Qué es la memoria ? Es una vibración que el átomo, la célula, acumula a lo largo de sus experiencias de encarnación. Para mí, esto es la memoria. Esta memoria tiene inevitablemente un mental y un emocional. El emocional hace reaccionar ; el mental dirige la reacción o la controla, depende.

Si le decís a un niño : « Te sugiero que ordenes tu habitación », no es una orden, es una sugerencia. En este caso, es amor, porque transmitís al niño una estructura, sabiendo que este niño, incluso si tiene una bonita luz, una bella intuición, y la hermosura maravillosa y espontánea de la infancia, él encarna en cualquier caso en un mundo donde hay una forma. El cuerpo tiene forma. Hay leyes, las leyes de la gravedad, no se pueden desafiar — salvo si tomamos un avión, pero en ese momento estamos contaminando. Pero si hay sugerencia, estáis en el amor, porque sugerís al niño recoger su pijama, o hacer su cama por ejemplo, para enseñarle una disciplina. Esto, ya no es el bien o el mal, es otra cosa. No es el acto que hacéis lo que es importante, es la intención que ponéis al hacerlo. Y es por ello que los niños son maravillosos, pues reaccionan con rebeldía cuando no está hecho desde el amor, es automático, no se equivocan nunca.

Preguntas y Respuestas

Pregunta de un fabricante de cerveza, que hace cerveza utilizando agua diamante.

El agua diamante puede beberse sin intención. Por ejemplo, si tenéis agua diamante en vuestra casa y hay invitados que se sirven, no hay ningún problema. Nadie les impone nada, la beben como si fuera agua Vittel, Evian o cualquier otra. Si son abiertos, se les puede decir que es un agua un poco diferente, que tiene ciertas energías. Pero si un cervecero quiere hacer cerveza con agua diamante, ¿por qué no? En ese caso, es vuestra consciencia la que entra en juego, no la mía, por lo tanto lo que hacéis es ciertamente apropiado para vosotros. Yo sé que lo haría, pero es una cuestión de consciencia. De cualquier forma, de aquí a 15 años, toda la materia, los vegetales, los líquidos que hay sobre la tierra estarán en la frecuencia del agua diamante, o incluso más lejos.

Si un invitado bebe una vez cada 3 meses, en vuestra casa durante una cena, no pasará nada. Pero si alguien que no está haciendo una búsqueda interior pasa por vuestra casa todos los días y bebe medio litro de este agua — puede ser un niño que viene a veros, o un vecino — veréis al cabo de tres a seis meses pequeños cambios en su comportamiento. Él no se dará cuenta, pero os lo dirá. Os dirá por ejemplo «Fíjate, me he encontrado con un amigo de la infancia que no veía desde hace 20 años». Y vosotros sabréis que es el agua diamante quien ha provocado poco a poco ese suceso. O entonces decidirá soltarse de un problema de herencia por la cual luchaba en los tribunales desde hace años. Veréis que ha evolucionado un poquito. O veréis que se hace con un libro... Ya lo veréis, pasan cosas.

Ahora bien, tened en cuenta que esta persona que viene bebiendo regularmente el agua en vuestra casa es una parte de vosotros, es de esto de lo que os hablaré en el curso de mañana, y si vosotros desprogramáis en vosotros mismos aquello que esta persona os muestra de vosotros mismos, ella cambiará seguro. Ésta es la historia de la rejilla y de la repercusión de la cual hablábamos hace un momento.

Intervención de una persona que dice que dando botellas de agua diamante a otra gente, metía la intención de que les hiciera el mayor bien, y que esto funciona.

Seguro, y es ahí donde no hay reglas con este agua. Yo os cuento cosas, pero si os encontráis que no es exacto, entonces adelante. Yo os cuento cosas a partir de las informaciones que oigo, porque en el momento de hacer este agua, yo no sabía para qué iba a servir, yo no sabía nada de nada. Por lo tanto es muy posible que terapeutas o personas que se cuidan de los demás tengan algún talento en particular. Es ciertamente tu caso, y además has metido una intención muy global, no había ninguna imposición ahí dentro, y es por eso que funcionó. Diste el agua con amor, para que las personas metieran después sus intenciones personales si así lo deseaban. Pero tu intención era global, por tanto automáticamente hay algo que pasó. Pero en este caso, como tú dices, no se la has dado a cualquiera, sino a personas que ya tenían un potencial en el corazón.

Por ejemplo en los Lorraine, cerca de Metz, Thionville, hay una señora de 83 años a quien su hija da a beber agua diamante. Esta señora tenía los dedos torcidos a causa de una artrosis deformante, lo que la molestaba mucho ya que cosía y hacía punto. Pero después de un año ya no podía hacerlo más. Ella bebió medio litro de agua diamante cada día y en tres meses sus dedos se recuperaron. Pregunté a su hija que tipo de mujer era su madre, y me dijo: «Es una mujer que se maravilla delante de una flor, un garito, o un bebé, una mujer que tiene una fe formidable». Y yo le dije: es por eso que ha funcionado. Mirad, con este agua hace falta verdaderamente que haya una colaboración. Hace falta sentirla.

Hay un niño pequeño en esa misma región que tiene leucemia. Tiene 4 o 5 años, y cuando su madre le llevó el agua, ella le dijo: «Sabes, cariño, este agua es un poco especial, quizás te pueda ayudar con tu enfermedad». Él miró el agua y le dijo: «Sabes mama, ya conozco esta agua, es el agua de Jesús». Fue muy conmovedor oírle decir esto. Se ve que los pequeños y los animales sienten éste agua. Algunos no sienten nada. Otros, a partir de que la reciben, tienen escalofríos por todas partes. Creo que es debido a familias de almas que tienen necesidad de tenerla. Y como usted dice muy bien señora, no todo el mundo va a recibirla. Si tenéis dos hijos, uno de ellos dirá «Yo no quiero» y el otro «Si, yo la quiero enseguida». ¿Por qué? Porque esto se dirige a una categoría de almas, que no son en absoluto superiores a las otras, pero que tienen un color, quizás esas del desierto del Néguev de las cuales hablaba hace un momento.

Intervención de una persona que habla de la capacidad del agua de desarrollar el amor y de llenar ciertos aspectos de la persona.

Quizás tenías necesidad de desarrollar tu lado femenino, y el agua te lo ha aportado. A otros les aportará más lucidez, o discernimiento. He visto a gente decirme:

«Antes, me hacia falta un tiempo increíble para darme cuenta de lo que debía de hacer, ahora todo va mucho más rápido, entiendo rápidamente que tengo que comprar aquel libro, o que tengo que ir al curso de allí, o que compré aquella casa, hay mucho más discernimiento, es más rápido.

Para otras personas es diferente. Por ejemplo, la hija de María, que tiene 19 años, cambió de escuela a mitad del curso. No quería estudiar más. No obstante ella adoraba sus estudios de ortofonía. Lo hacía muy bien, todo iba bien, bebió el agua durante un mes y medio, y de pronto ya no quería estudiar más, y ni siquiera continuar hasta el mes de Junio. Entonces cambió completamente de rama. Esto no quiere decir que el cambio no se hubiera producido por si solo, pero se produjo antes. Y yo veo a mi hija, que tiene 17 años y utiliza el agua diamante, y que cuando tiene un problema, incluso con su novio, se observa a sí misma y se pone a decodificar, en desprogramación, y automáticamente en la discusión que habrá con su pareja, habrá un diálogo, el problema se va a revelar, y ella comprenderá, y él también, y se arregla : e incluso dan un paso más en su relación. Y esto, es maravilloso.

Pregunta sobre los efectos del agua.

Los efectos, ya sean positivos o negativos, lo son siempre en apariencia. La enfermedad, la reacción, es una manifestación de auto curación de vuestro cuerpo. Como vosotros sois jóvenes y fuertes, la reacción se hace más violentamente. Por ejemplo si dais agua diamante a un niño que está un poco enfermo del estómago, quizás tenga una subida de fiebre 15 días después. No le deis antibióticos, haced como los perros y los gatos. ¿Habéis visto lo que hacen los perros y los gatos cuando están enfermos ? Paran de comer ; beben un poco de agua y comen algunas briznas de hierba para purgarse el intestino. Haced lo mismo con vuestros hijos : una pequeña purga, una pequeña tisana laxante muy ligera, y los ponéis a dieta de manzanas durante 2 días, o incluso sin comer nada, solo agua, agua diamante en este caso, y se pasa sólo. El cuerpo se auto-cura puesto que Dios está en él.

Alguien habla de pequeños problemas cuando bebe el agua.

Si has tenido migrañas o cosas parecidas al principio cuando has empezado a tomar el agua diamante, es que en tu cerebro habían toxinas, como la cal en los grifos, que se empieza a deshacer. Pero cuando se deshace, la sangre, localmente, se vuelve acida como el vinagre, y eso es la migraña. Hace falta que todo esto descienda rápidamente, y si hay muchas de estas toxinas que descienden, se producirá una buena angina, pero después no tendrás más problemas de cerebro y tu vista aumentará, no tendrás más necesidad de gafas.

Pregunta: ¿Cómo hacer para sembrar con agua diamante 1 o 2 hectáreas de terreno?

¡No es fácil responder! He aquí agua diamante vegetal, hay 33 el. Metéis esto en 2 o 3 litros en un cubo, lo dejáis 2 o 3 horas y tendréis esa cantidad de agua vegetal. De estos 3 litros, podéis hacer 25, 30, 40 litros, incluso más. Yo digo de poner al menos 10% de agua diamante, pero no tengáis esto muy en cuenta, ¡ya habéis oído el ejemplo del litro y medio de agua dentro de una cuba de 400.000 litros! Y aconsejo guardar siempre un 10% para estar seguros de tener siempre agua diamante en vuestra botella al cabo de dos horas. Por tanto, incluso si metéis 3 litros en un tonel de 100 litros de agua durante toda una tarde, tendréis 100 litros de agua diamante vegetal.

No sé como funciona en la agricultura, si tenéis un tonel con agujeros, o aspersores. En cualquier caso lo que hay que hacer, incluso para pequeñas huertas y jardines, es que no es necesario regar todo el tiempo, porque con la misma lluvia el agua ya se multiplica. Por tanto regad una vez de tanto en tanto, cuando lo sintáis, si sentís que hay zonas en vuestro jardín o en vuestro campo que son un poco más débiles, donde las legumbres, el trigo o el maíz parecen más débiles, menos tonificados, menos vivos. Placedlo un poco como os sintáis. De todas formas, trabajando con el agua diamante, ella va a hablaros y vosotros vais a notarlo.

María y yo tenemos un pequeño pulverizador, dentro del cual hay agua diamante. Se puede rociar la cara cuando hay que conducir 12 horas por la noche y vemos que no lo aguantaremos. En vez de tomar café, os rociáis el rostro; esto estimula todos los nervios que van al cerebelo y os mantiene en forma. Es un ejemplo. Podéis poner en vuestro vino, para que el alcohol sea menos nocivo. Yo soy un glotón, bebo vino, como carne, fumo mis cigarros, pero también como fruta, bio, y también hago ayunos. Es cierto que todo esto es un poco paradójico.

Puedo aseguraros que pulverizando sobre el vino, sobre el café, sobre el plato (¡aparte de que la gente nos mira con un aire curioso, pero eso no es grave!), hay una elevación, una desintoxicación, algo que hace que se digiera mejor, y no se sufren ni diarreas ni estreñimiento, mientras que antes me pasaba cuando comía mucho, sobre todo conservas o platos pasados por el microondas. Por lo tanto podéis utilizar el agua de estas formas.

Pregunta : ¿El agua puede deteriorarse si se mantiene mucho tiempo en un recipiente, en particular de plástico, a pleno sol como el de hoy ?

Quizás un poco, incluso aunque se vayan a suavizar y transformar las toxinas del plástico que van a desprenderse al interior. Sabéis que en el éste de Francia, hay personas que la han puesto en su piscina, la cual cubren por la tarde con un toldo de plástico, para que el agua guarde el calor del día. Y al cabo de 4 o 5 meses, necesariamente, el plástico se agujereó por todas partes. ¿Por qué ? Porque el agua diamante destruye el plástico. Pero podéis utilizar bidones de plástico de 5 litros para regar vuestras plantas con agua vegetal, puesto que hasta que el agua haya roído todo el plástico harán falta uno o dos años.

Pero si es para beber, entonces una posibilidad es cambiar las botellas de plástico que utilizáis regularmente, cada 8 o 15 días, evitando ponerlas mucho al sol. Con las botellas de vidrio no hay problema. Podéis incluso hacer la prueba de poner una botella al sol y pedir que el agua diamante obtenga los elementos solares que necesitáis. También podéis ponerla junto a música de Mozart, o junto a una bonita música de meditación, o con sonidos de cuencos tibetanos para que tome esas frecuencias, ya que ella es muy sensible a la música : este agua ha sido hecha con música. Podéis ponerla junto a una pintura ; probadlo. Hay personas en el Québec, artistas pintores que hacen acuarelas, y que utilizan el agua para pintar, y se dan cuenta de que pintan cosas nada ordinarias para ellos. Quizás ponen colores que no les gustan habitualmente. Y cuando pasan las manos delante de la escena, sienten las energías.

Por tanto, hay que divertirse. El agua se puede aplicar externamente, en pomadas para los eczemas, las quemaduras, en esguinces — las torceduras inflamadas se desinflaman mucho más rápido con una buena compresa. Hay una osteópata en París que trabaja con las energías y hace kinesiología y reiki, que tuvo el caso de una joven que había tenido 5 o 6 sesiones de osteopatía con otros terapeutas, ya que ella por sí sola no sabía que hacer, y que me dijo : « De golpe me vino una idea genial ». Ella tiene pequeños parches herméticos, que utilizaba tiempo atrás con medicamentos homeopáticos, y le dijo a esta chica joven de 32 años que estaba bloqueada desde hacía un mes con muchos dolores en la parte inferior de la espalda : « Escucha, yo no puedo hacer nada más por ti, no comprendo lo que te pasa, nadie te puede sacar de donde estás. He puesto un agua especial en este pequeño parche, y vas a pegarlo sobre tu pecho ». 24 horas después, ya no tenía nada. Estaba completamente curada, desbloqueada. La osteópata no comprendía nada. Hizo otra auscultación y vio que todo estaba en orden a nivel energético, a nivel de los huesos y a nivel de las tensiones musculares.

Mirad, es muy curioso. Este agua, algunas veces, si tenéis un problema de salud o un problema difícil, psicológico o de otro tipo, ella no os va a curar. Por el contrario, quizás os conducirá hacia el terapeuta apropiado, quien verdaderamente os va a ayudar y que será quien pondrá el dedo en el problema; o quizás os va a conducir hasta el libro o al amigo que os dará la respuesta. Ya veis, ella os va a guiar. No lo puede hacer todo, pero os va a ayudar.

Pregunta: ¿Se puede meter el agua en la nevera y hervirla?

Si, podéis meterla en la nevera, sin ningún problema. Igualmente podéis cocer vuestras legumbres con ella, incluso meter las «tenciones delante de la cazuela que está en el fuego, funciona.

Pregunta: ¿Se puede esparcir en un local de terapia?

Sí, os animo a ello. Por ejemplo, en la ciudad, donde no tenemos la posibilidad de disponer de un aire tan puro como aquí. Antes hacía falta abrir todo el rato las ventanas para airear. Ahora tengo un pequeño aparato que evapora el agua. Pongo el agua diamante, añadiendo a veces una gota de aceite esencial para que huela bien, con la intención de que el aire sea oxigenado y purificado. Y después ya no hay necesidad de ventilar. El aire es más ligero, más sutil, es verdaderamente diferente. Un día incluso meditamos algunos minutos, poniendo la intención de cambiar el movimiento de los gravitones, que son esas moléculas, esas partículas que hacen la gravedad. Y bien, os aseguro que en esa meditación muy corta que se hizo, mientras el agua se evaporaba con esta intención que estaba en el aire, en la humedad del aire, sentíamos las partículas de nuestros cuerpos energéticos que empezaban a soltarse y a descorporizarse. Por tanto está viva. Podéis hablar a este agua como habláis a vuestro gato, a vuestro hijo o a vuestro ángel. Es viva. Incluso es muy maternal.

Respuesta a una pregunta.

Si las personas cogen un cáncer de piel con el sol, es porque ya lo tenían en el interior, y el sol, por amor, lo hace salir al exterior y lo revela. Todo lo que se manifiesta en tanto que enfermedades, o en tanto que actos de delincuencia, guerras, genocidios y violaciones, son abscesos que están en curso de morir para purificar lo más denso de la humanidad y llevarla a otra dimensión. Por tanto, todo es maravilloso.

Pregunta sobre el consuelo: «En el mundo de lo invisible no está permitido ocupar ilegalmente a los humanos, usted ha hecho aflorar el tema ¿Podría aportar algo más de claridad sobre el tema?

Es este famoso consuelo que las personas buscan al lado de ciertos avatares, como en una fuente. Hay personas que pueden ser ocupadas por entidades, seres del más allá, que no están en un nivel de consciencia muy desarrollado y aun están en la avidez de lo material, o del sacar provecho, o de la ocupación simplemente. Entonces para alimentarse, pasan a través de un cuerpo humano. Sabéis tanto como yo que los alcohólicos o los drogadictos tienen muchos parásitos alrededor suyo. Estos parásitos no pueden tomar un buen whisky, y por tanto utilizan un cuerpo humano para obtener los placeres de la embriaguez, y es por esto que se meten como sanguijuelas o como abrigos sobre las personas. Tuve la ocasión de ocuparme de esto hace mucho tiempo, en una época donde mi energía me permitía ahuyentarlos. Pero ahora se trata más bien de que mi consciencia actual comprenda porqué ha atraído esto. Es un poco el objetivo del agua diamante, que la persona llegue a un nivel de consciencia, o de comprensión, donde ella vea que lo que le ocurre es exactamente la proyección de memorias y frecuencias del subconsciente que pasan a través de ella sin que ella lo sepa. Y es por todo esto que no somos libres.

Por ejemplo, si una persona se hace robar siempre, una vez su maleta en la estación, después su monedero, otro día el coche, es que ella tiene energías de robo en sus memorias que irradian y que provocan una reacción del entorno, de aquellos que la van a expresar. Pero aquellos que van a expresarla han sido alimentados por el subconsciente de esta persona; es ella quien los ha alimentado. Cuando una joven se hace violar en la esquina de la calle, es lo mismo: no hay ni culpable ni víctima. Nos han hecho creer esto. Era necesario que lo creyéramos, pues en el estado animal donde estábamos, hacía falta que hubiera culpables, víctimas, salvadores y verdugos.

Pero ahora hay que salir de allí, pues ahí está la llave de la felicidad: es el no ser más ni víctima ni verdugo ni salvador. Pero tenemos en nosotros estas memorias, porque hemos vivido tanto tiempo dentro de este cine. Ahora, hay que intentar salirse, un poco cada vez. Esto no se hace de la noche a la mañana.

Por tanto, en el caso en el que haya entidades que ocupan al individuo, el agua diamante ayuda verdaderamente. Es un trabajo que podemos hacer con una persona que está en esa situación, si ella está de acuerdo, si lo acepta... Si ella se mantiene en una consciencia del bien y del mal diciendo: esta entidad es malvada, es diabólica, es negra, etc., está alimentando a esta entidad. Y alimentando a esta entidad con su negatividad de juicio, la refuerza aun más. Y en este caso el agua diamante no funcionará. Si esta entidad es muy fuerte, la persona no llegará a beber el agua diamante. ¡En este caso no hay que hacer como en la inquisición, tomar un embudo y meterle 5 litros por la boca! Hay que esperar al momento apropiado para hablar a la persona y decirle: si quieres, tengo un agua que te podría ayudar, pero antes tienes que dar un paso. Tienes que dar el paso de comprender y aceptar humildemente que, quizás en otra vida, tu fuiste buscando las cosquillas a aquellos que estaban en la tierra en vez de ir a tu propio plano. Puede ser esto también, he visto casos de ello. Y si no se está seguro, si es solamente hipotético — pues no todos somos lo bastante médium para ver que está pasando exactamente — por el hecho de que la persona abra su corazón a una cierta humildad, el agua diamante le va a ayudar a separarse de esta entidad, y además esta entidad va por su parte a evolucionar.

Pues la mayoría de las veces en el caso de ocupaciones, no se trata de maldad, excepto en algunos casos. Son seres del más allá que están completamente perdidos, son SDF (sin domicilio fijo) que están allí me ndigando energía y que no saben a donde ir. Entonces ven a alguien que no está mal, y cuyas frecuencias se corresponden, y deciden ponerse encima para sentirse mejor, como un niño pequeño que va a buscar a su madre, sin darse cuenta de que durante el tiempo que pasa allí, absorbe la energía de la persona. Si la entidad murió de un cáncer, la otra persona lo tendrá también, al cabo de 14 o 15 años, o 21 años, porque va a transmitirle, a aquel que está ocupando, su aura la cual aun no está sanada, todos sus cuerpos sutiles aun están enfermos.

Pero si una persona atrae a esta entidad, es que ella tiene algo que ver con esto; es que tiene las mismas energías kármicas de principio. Cada caso es diferente. Pero es verdad que el agua puede ayudar mucho, os lo garantizo. Haced la experiencia. En particular María ha ayudado a su mamá muerta, de la cual sintió su presencia varias semanas después de su muerte, y que pedía ayuda. Entonces cada mañana durante 9 días, María puso la intención en su vaso de agua diamante de que sus propias energías pudiesen curar y ayudar a su madre, a fin de que ella pudiese dejar el astral lo más rápido posible. Era entonces curar a su madre a través de ella, y el agua diamante aceleró el proceso. Ese mismo día ya no se dejó notar. Desde entonces todo va bien y yo sé que ella ha dejado su plano, el plano de los SDF; ella marchó más lejos.

Haced experimentos, os animo, vais a divertiros. Este agua, no es un método; tiene que volverse un juego. Podéis bebería con naranjada, con limonada, podéis ponerla en el wc... Haced lo que queráis. Es algo feliz e infantil.

Respuesta a una pregunta.

Si, si bebéis el agua, los códigos también se mantienen en la orina, por supuesto.

Respuesta a una pregunta.

Hay personas que dicen que en los medios de transporte el agua perdería su fuerza, por ejemplo en los trenes, los aviones, los coches. Pero de hecho, si ella se multiplica, como los panecillos de Jesús, es que tendrá en verdad algo de diferente. Quizás tendremos novedades, porque parece que Drunvalo Melchisedek se llevó con él cuando vino a París en mayo (2001), y la está haciendo analizar en laboratorios científicos «abiertos». Pero aun no tenemos los resultados.

Intervención de un participante: se tendría que analizar en una cámara Kirlian.

Sí, pero de hecho veríamos la foto de la persona que toma la foto, no la del agua. Es como con la antena de Lecher. Y incluso si hacemos fotos de los cristales de agua diamante, es la consciencia de aquel que toma la foto lo que veremos, seguro, pues con este agua estamos en la quinta dimensión, es diferente.

Pregunta: ¿Hay que hacerla con agua mineral o se puede utilizar agua del grifo?

Para aquellos que están acostumbrados a beber agua del grifo, porque es buena, no hay ningún problema. El agua de lluvia también es aceptable, por supuesto, no importa que agua sea. Si algunas veces he aconsejado el agua mineral es porque en el norte de Francia, y en Bélgica, las aguas son a menudo muy calcáreas. El agua diamante reduce el cloro del agua—no hay más cloro en el análisis. Incluso en una piscina o en una bañera, si ponéis un poco de agua diamante, un cuarto de hora más tarde no se huele más el cloro, porque oxigena y destruye el cloro, pero no tiene tiempo de aligerar el agua hasta el punto de quitar la cal o los sedimentos. Ahora bien un agua demasiado calcárea, si la bebemos a menudo, hace lo mismo en nuestro cuerpo que dentro de las canalizaciones del edificio, a nivel de los ríñones, las arterias, etc.

Hay regiones, como en el Québec, donde las personas raramente beben agua embotellada. Toman el agua directamente del grifo, pero por otra parte todos tienen grandes filtros de carbón vegetal bajo el fregadero para aligerar el agua. Pero es muy calcárea, yo no la encuentro buena a pesar de todo, pero ellos están habituados.

Hay personas que me han comprado codificadores, pero no es necesario porque el agua es multiplicable. Para las personas que tienen este agua, está bien tener una pequeña cantidad de reserva en un armario, porque un día llega vuestro hijo con todos sus amigos, y os vacían todas las botellas y ya no podéis volver a hacer. Seguro que encontraréis vecinos o amigos que tienen y que os la darán, pero si no es el caso, es un tanto molesto. Lo que os aconsejo es hacer una pequeña botella de vidrio, es suficiente con 100ml, y dentro del vidrio la podéis guardar un año fácilmente. Dejadla en algún lugar, en un armario donde estéis seguros que nadie se la va a llevar.

Cuando las personas me la piden, la meto en botellas de cuarto de litro de Vittel porque me es práctico. Sabéis que no hay comercio en esto, porque es gratuita, y no puedo empezar a comprar frasquitos. Entonces los compro en el supermercado, los transformo en agua diamante y los envío. Es mejor meterla en vidrio, pero si las metéis en botellas de plástico cambiadlas cada 8 o 10 días. No es necesario utilizar agua embotellada, el agua del grifo funciona muy bien, no será nociva, os lo aseguro.

Hay incluso una persona que tomó un agua que contenía nitratos, que olía muy fuerte. Pero no se puso enferma después de haber bebido este agua diamante hecha con un agua repleta de nitratos, que provenía de un manantial.

Respuesta a una pregunta:

Hay una persona un poco más médium que yo que me dijo que mientras está comiendo en la mesa pone su botella en medio y ve como todos los alimentos reciben muchos rayos rojos, verdes, azules, amarillos. Y cuando están bien cebados de estos rayos, entonces ella come. Por tanto hay un aura. Los animales, los niños y sobretodo los gatos pueden sentirla. Los gatos, cuando ponéis una botella de agua diamante sobre la mesa, la mayor parte del tiempo se suben a la mesa y se vienen a frotar contra la botella y les es especialmente delicioso.

Si tenéis un pack de 6 botellas de agua, en el suelo, en la cocina, y tenéis 2 o 3 botellas de agua diamante sobre una estantería, hay automáticamente una radiación entre el agua que está allí—o quizás incluso ni siquiera en la misma sala, sino en la bodega—y el agua de las 6 botellas, y os daréis cuenta que estas botellas compradas la misma mañana se vuelven agua diamante dos días más tarde, sin hacer la mezcla. Pero hacedla en cualquier caso, por seguridad. Veréis a veces que este agua hace burbujas y que a veces no las hace. Veréis que juega con vosotros, según lo que vivís y vuestro estado de consciencia.

Por ejemplo hay una señora que un día me dijo:»Hace 3 meses que el agua no hace más burbujas, y me pregunto si todavía es agua diamante». Yo le dije que sí. Y ella añadió: «En cambio, el lunes quería darle a una amiga, y el día en que hice un frasco para ella, todas mis botellas hicieron burbujas». Le dije que no lo entendía, que es como es, y no puedo hacer nada. Este agua es caprichosa, quizás un poco picarona sobre los bordes, unas veces hace burbujas y otras no las hace...

Pregunta: ¿Si riego mis geranios con agua diamante, aunque les haya puesto abono desde hace un tiempo, esto les va a hacer morirse, según lo que ha sido dicho anteriormente?

Eso no se puede saber con antelación. Depende del grado de deficiencia que el geranio haya obtenido. Si aun es salvable, se va a regenerar, e incluso puede cambiar de color, porque a menudo los colores de las flores compradas en las tiendas son químicos. Meten colorantes en la raíz. He visto hacer esto en los geranios de Maria. Después de dos meses de regarlos, una o dos veces por semana, en un balcón de un apartamento, no en un jardín, el color cambió completamente: de rojo, se volvieron rosa pálido. Por tanto estas flores volvieron a un estado más natural. Otras personas también me lo han dicho.

Pero hemos visto personas que tenían plantas en su piso que han muerto con el agua diamante. Éstas, son plantas que se volvieron pararrayos de energías demasiado mentales, o demasiado densas, que venían de su comportamiento. No conozco muy bien todo esto, pero hay plantas y árboles que son pararrayos de ciertos modos de pensar, de aflicción, de emociones o incluso de energías un tanto oscuras. Las plantas y los árboles son a veces los captadores y los purificadores de nuestras auras. Pero cuando una planta está demasiado contaminada, como en el caso de los fertilizantes, se debilita cada vez más, y si le ponemos agua diamante, se acaba de morir para bien de la planta.

También está el efecto inverso. Por ejemplo en Italia, en las montañas cfel norte de Turín, el agua diamante fue rociada sobre albaricoqueros, los cuales estaban invadidos por parásitos que se comían las flores y las hojas. No sé cuantas veces la señora los roció, pero tras dos meses no quedaba ningún parásito en los árboles.

Pregunta: ¿La pildora anticonceptiva seguirá teniendo efecto si se toma el agua diamante?

No estamos mucho más lejos que hace un año. No lo sabemos. Pero como sé que es inteligente, estoy seguro de que no anulará el efecto de la pildora si ésta no debe ser anulada. Por otro lado os puedo decir que si una persona, una mujer, no desea tener un hijo, y ella es consciente de que tiene este poder, no tiene que tener ningún miedo, puede hacer el amor durante la ovulación, ella no tendrá el niño. Salvo si, en un momento dado, su consciencia desciende, porque su nivel vibratorio desciende, y se puede dejar atrapar. Voy a daros un pequeño ejemplo.

Hace tiempo, en 1986, yo vivía en alquiler en una pequeña casa con césped. Y lo que es muy desagradable con en el césped, es que hayan topos, pues hacen montículos, y para cortar el césped se necesita dos veces más tiempo de lo normal. Entonces, en aquel momento, hablé al alma-grupo encarnada en los topos. Y les dije: «Os amo enormemente, yo sé que hacéis un buen trabajo de galerías bajo la tierra para oxigenarla, y es maravilloso. Pero si de marzo a octubre pudieras ir a alguna otra parte me iría muy bien. Después, en invierno, volved y haced lo que queráis, podréis hacer todos los agujeros que queráis, no me molestará en absoluto». Y funcionó. A partir del momento en que formulé este tipo de petición, de oración, en medio de mi césped, no hubo nunca más un solo topo que viniera a hacer un agujero durante la época de cortar el césped. El año siguiente, igual. Renové mi petición, nunca se sabe, por si acaso se habían olvidado: ninguno, ni un topo, nada. Pero una tarde cuando no estaba muy bien, estando deprimido y no en el amor, aparecieron 3 montículos de tierra, porque mi intención perdió su fuerza, y por tanto la adversidad volvió.

También os puedo dar el ejemplo de mi hija, que tiene 17 años. Es de Tahití, adoptada. Tiene relaciones sexuales desde hace 2 años, es precoz, y no quiere tomar la píldora; no quiere saber nada de ella. No quiere ni oír hablar de sus periodos de ovulación. Ella dice:»He dicho a mi Yo-superior que soy demasiado joven para quedarme embarazada». Y funcionaba. Pero un buen día, ella no se encontraba centrada en el amor, y ya no funcionó más, y se quedó embarazada. Ella abortó, es su elección, pero de nuevo ahora vuelve a comenzar con el mismo sistema, tiene confianza en su soberanía. Entonces le dije: «Ahora comprendiste la lección, debes estar en ese estado permanente de amor, si no, vas a tener otra sorpresa». He aquí la respuesta que puedo daros. No puedo deciros más.

Respuesta a una pregunta.

Como el caballero ha dicho hace un momento, todo tiene memoria, incluso una camiseta, por lo tanto una casa puede tener una mala atmósfera, un mal ambiente, malas memorias. Por tanto, en esos casos, sé de personas que pusieron el agua diamante en atomizadores como los que usamos para limpiar los cristales y que los utilizaron para rociar las paredes, los techos, el suelo, con la intención de que las memorias inscritas en la materia de los muros se purificaran y se transformaran. En particular han habido 2 o 3 personas que han hecho esto, porque habían alquilado lugares para convertirlos en sitios de meditación, y sintieron muy claramente, después de hacer esto, que verdaderamente había un alivio. Al mismo tiempo se puede hacer evaporar el agua. Decís en voz alta: «Tengo la intención de que todo se purifica, se aligera y se ilumina un poco más...».

El agua diamante hace un trabajo según las necesidades del alma. Veréis claramente, según las personas a las que se la dais, aquellas que no están listas para una intención. Incluso vosotros, no hay que poner necesariamente intenciones todo el tiempo y que se vuelva un método. Hay días enteros en los que yo bebo el agua diamante sin intención, o incluso con la intención simple de estar en forma, o de dormir bien esa noche, cosas simples, prácticas, concretas. Y a veces hay cosas más importantes que vienen, pero que no están claras. Entonces pido al agua que me ayude a discernir que intención sería la más justa, para el caso de aquello que tengo que hacer consciente: «Mira, hoy he vivido esto, y no lo comprendo del todo, ¿qué quiere decir? Tengo la intención de verlo claro». Y podéis estar seguros que la misma noche, o un día después, o dos días, habrá una toma de consciencia interior que aclarará y confirmará todo esto.

También se puede pedir comprender. Si alguien pide que el agua cure tal enfermedad, en la medida en que vaya a ver al cura a confesar, en esa medida irá mejor. Es cierto que hay personas que pedirán de una manera egoísta, para su comodidad. Pero el agua diamante no es un supositorio; no está hecha para calmar ni un rasguño sin que haya una toma de consciencia.

Si la mayor parte de personas continúan comportándose de esa forma con el agua diamante, ¡recibirán una bofetada que les hará comprender! Porque el agua utilizada de esa manera, no tiene ningún sentido. Seguro, algunas veces la persona utilizará ese lenguaje, pero en su alma ella tendrá un nivel de consciencia que está mucho más lejana, y en ese caso la solicitud no es verdaderamente egoísta, incluso si la misma ha sido formulada de forma egoísta.

Por lo tanto es sutil, es delicado, no es evidente. Voy a daros un ejemplo. Se trata de una señora de 70 años que está gravemente enferma. Es muy dinámica en el camino espiritual, pero no está anclada en absoluto, o sea que a ella se le llena la boca emocionalmente del «channeling» que viene del arcángel Miguel y de todos esos seres, maravillosos, seguro, pero que vienen a través de diferentes canales y de diferentes médiums. Entonces ella hace venir a personas, hace esto, hace lo otro, y vive como una niña pequeña, toda contenta, y se considera avanzada. Yo no le dije nada, dejé hacer, y ella tomó el agua diamante. Por supuesto, la mayoría de personas que habían allí no sabían meter intenciones, porque aun están en la fase católica. Antes era Santa Rita, San No Sé Quién, San No Sé Cuantos, ahora no es el mismo top-ten, pero viene a ser lo mismo. Por tanto, ella bebió el agua, pero con intenciones egoístas, para ser aliviada físicamente. Pero esto no ha funcionado nunca. Después de haber bebido durante 3 o 4 meses, se sumergió en una depresión increíble. No tuve noticias suyas durante 7 meses, e incluso me pregunté si no habría fallecido. Al cabo de varios meses tuve noticias a través de otras personas, que me dijeron que ella ya no quería oír hablar de nada más : no más camino, no más evolución, no más nada, lo tiró todo. Actualmente, se dedica a comer, mira la tele, se acuesta, se medica con cortisona, y ya está.

De hecho esta señora ha vivido un trabajo de amor increíble. El agua diamante le ha hecho volverse para anclarse en la realidad. Un poco antes de venir aquí me telefoneó, para explicarme lo que había vivido. Le dije : « Has recibido un bonito légalo. Ahora, en vez de ir a llorar a los pequeños ángeles, vas a tomar tu responsabilidad sobre tus hombros y vas a avanzar. Y ahora, el agua diamante va a actuar ». Por tanto, este agua ha hecho que su consciencia se agrande. Pero en su caso, hacía falta que al vehículo se le apretaran un poquito las tuercas, ¡porque la enfermedad no era suficiente para quebrarla !. Hizo falta eso. Es muy dura.

Veis entonces, el tipo de cosas que el agua diamante hace vivir algunas veces, pero es un caso bastante raro. Es el único caso que yo conozco en el que pasó algo similar.

Pregunta : De que naturaleza son los 3 electrones que hacen que el agua se vuelva átomo diamante.

En mi opinión, son partículas subatómicas del tipo bosón. No conozco gran cosa. De hecho los bosones fueron descubiertos en 1967 de manera hipotética por dos físicos de los cuales olvidé los nombres. Después fueron detectados científicamente en 1993 en el CERN de Ginebra. Siento que el agua diamante posee este tipo de partículas, los bosones, que son de echo esferas de luz, como los fotones pero particulares. ¡Parecería que los bosones fueran un poco aguafiestas ! Por ejemplo, si ponemos un cubierto sobre una mesa, para una comida, con una servilleta de mesa con el nombre de cada uno, automáticamente las personas que vinieran a comer buscarían su lugar donde se encuentra su servilleta, Y el bosón vendría a cambiar todas las servilletas de sitio ; esto haría que las personas se movieran. Es en ese sentido que el agua diamante metería un tipo de granitos dé arena en el engranaje del robotismo celular, para llevar a la persona a transformarse y a cambiar de óptica en su vida... Veremos, con la experiencia.

Pregunta: «¿Pasaremos por tanto del tiempo linear al tiempo circular y vertical?»

Sí. En esto vamos lejos, muy lejos. Hay que saber que todo lo que está en el pasado, en el futuro y en el presente, está reunido en el punto focal del tiempo, en el punto potencial del tiempo, y que en este triángulo del tiempo, cuando algo se produce allí, repercute aquí, tantos siglos y milenios más tarde, según la rapidez del tiempo y del espacio, el cual es directamente proporcional a la rapidez de la vibración activada por la consciencia del individuo. Dicho de otra forma, cuando tenemos una consciencia animal un poco pesada, llamémosla mamífera, para un suceso que se va a producir ahora tendremos el complementario de polaridad inversa que no llegará hasta dentro de un siglo o dos. Mientras que si estamos en una rapidez de frecuencia y movimiento interior de la consciencia, se puede tener la complementaridad en una hora.

En verdad, en otros planos de consciencia, en otras dimensiones, el hecho de que el suceso llegue en un siglo o dos, o en una hora, no supone ninguna diferencia, pues es lo mismo. Y parecería como si dentro de los ritmos del tiempo y del espacio hubieran unas secuencias de números, que por otra parte ya he encontrado, con las cuales estoy haciendo experiencias para —voy a decirlo— desprogramar el subconsciente de las zonas geográficas de la madre Tierra. Porque hay que saber que el lugar donde uno encarna es el espejo de las memorias que tenemos en nosotros mismos. Uno no se encarna libremente donde quiere, hasta que uno no ha llegado al estado de Maestro. Por tanto, os dejo deducir que puede pasar si se desprograma lo que hay bajo la tierra.

Pregunta: ¿Con el fenómeno de la aceleración accesible en algunas decenas de los años que vienen, podremos encontrar nuestra verdadera identidad?

Exactamente, seguro. Esta aceleración de consciencia, incluso a nivel individual se puede ya vivir, según la potencia que podamos meter para llegar a lo que comentábamos antes: el amor, el amor, el amor.

Pregunta: ¿Por tanto, era posible incluso antes del encuadre de la nueva consciencia?

Era posible, pero mucho más difícil, seguro, porque los iniciados de antes tuvieron que sufrir mucho más tiempo para llegar, y es gracias a ellos que ahora se llega mas rápidamente. Puede ser que cuando hayan 3 o 4 millones de personas en el mundo que hayan hecho este trabajo con un montón de métodos, además del agua diamante y todo el resto, pues todo esto forma parte de un puzzle, de un plan, automáticamente todas las jóvenes generaciones llegarán muy rápidamente a hacer cosas extraordinarias, sin necesidad de pasar por las quimeras que hemos vivido.

Pregunta : ¿Podrá todo esto ahorrarnos parte del trabajo sobre el orgullo y sobre el ego ?

Creo que sí. Pues el objetivo del cambio del ADN es el de desidentificarse de eso que nosotros creemos ser. Creemos que somos Jacques, Andrés, Joél, Dominique, Jacqueline, etc., pero no somos eso. Y esto, está codificado en nuestras células. Creemos que somos un alma encarnada : tampoco somos eso, aun es una máscara, una ilusión. *Somos esta esencia que se encuentra presente en el vacío atómico.* Conectaros en meditación sobre el vacío que hay entre el núcleo del átomo y la bruma del electrón. Vais a sentir vuestro cuerpo en expansión y vais a volveros todo aquello que existe. Y ya no sois vosotros los que formáis parte de este mundo, es el mundo que forma parte de vosotros. Os volvéis Dios, porque Dios es esto. Es verdaderamente muy fuerte.

Esto para mí, es la Identidad real. Las otras identidades, como el alma — con su mochila de memorias a la que llamo la basura del alma que viene a la tierra — y el vehículo que se llama Jacques, Andrés, etc. Son útiles, como las cazuelas, las botellas, los coches, pero solo es eso. Es al mismo tiempo maravilloso, pero sólo es eso. Y creo que el orgullo y el ego son estar apegado a esta identidad. Es por esto que todos aquellos que son muy fuertes en su ego-como he podido serlo yo y quizás lo soy todavía sin saberlo — tienen necesidad de tener muchas cosas, ya sean bienes materiales, mucho conocimiento mental, quizás un look de playboy, pues este tener oculta el no-ser. Pienso que los «tener» son a menudo los andamios del ego, porque el ego al no estar vivo, se deteriora, no se renueva jamás ; no se multiplica, por lo que automáticamente hay que tener mucho, y es este ego el que desprogramamos poco a poco.

Pues en la humanidad no hay 6 mil millones de humanos. Para mí hay 6 mil millones de células que encarnan un solo ser humano. Y nosotros formamos todos parte de este ser humano. Pero como todo es un fractal, y holográfico, tenemos también todos este ser humano que es Cristo en nosotros. En la holografía (que es una imagen en 3 dimensiones), la imagen es fotografiada sobre una placa sensible de cristal. Si esta placa de vidrio se cae y se rompe en pedazos, en cada pedazo podréis encontrar toda la imagen. Por tanto todo está en todo, como el roble está en la bellota. ¡No es fácil para nuestro pequeño cerebro ! Reconozco que he pasado bastantes miserias para comprender, y aun no lo veo perfectamente.

Debemos comprender que en el mundo actual, los pedófilos, los violadores, los islamistas árabes que masacran, o los Judíos que se aprovechan para reafirmar su soberanía, o los Rusos que hacen otra cosa, todos son partes de nosotros. El día en que hayamos desprogramado todo esto en nosotros, ellos pararán, no podrán seguir haciéndolo, no podrán, pues somos nosotros los que lo alimentamos. Cada vez que formulamos un juicio, « ¿Has visto aquel que feo es ? » o « ¿Has visto aquella que tonta es, y que perezosa ? » o incluso sin decirlo si lo pensamos, emitimos frecuencias de ese nivel.

Estas frecuencias multiplicadas por 1, 2, 3, 4 millones, 10 millones, 1000 millones de individuos, forman una nube de polución en el cuerpo que envuelve la tierra, y que son de alguna forma su aura. Es como si en nuestro cuerpo físico tuviéramos una gran sombra oscura, producida por los juicios de nuestras células. ¿Qué va a hacer esta sombra oscura, si esas son energías de juicio, de racismo, de separatismo ? Va a ser atraída hacia el órgano que va a expresarlas. ¿Y quién va a expresarlas ? Quizás serán las suprarrenales. Y una vez que estas energías llegan a las suprarrenales, la persona será impulsada a golpear. Van a ir al baile, el sábado por la noche, van a beber un trago y van a ir a romperle la cara a alguien.

¿Qué pasa en la tierra cuando hay un egregor de formas pensadas que vienen de nosotros, de nuestra pequeña reflexión de cada segundo ?

Pues bien, es atraído hacia un pueblo pararrayos cuyas almas están menos avanzadas, y en el caso de la estructura actual, estos son los pueblos que expresan el fanatismo. Y ellos, matando personas, limpian el aura del planeta. Es por eso que el apóstol Pablo dijo : *No hay perdón sin efusión de sangre.* Pero si se decodifica con antelación, no hay más necesidad de formar este egregor. Yo reconozco que tengo en mí mismo energías de racismo, de juicio, o de violencia. Yo reconozco, con humildad, que tengo esto en mí mismo, que no soy perfecto, que estoy lejos de ser perfecto. De todas formas si fuera perfecto estaría muerto, puesto que cuando uno es perfecto ya no se mueve más, y lo que no se mueve está muerto. Por tanto la perfección es también una ilusión.

Por tanto acepto que tengo todo esto en mí. Este trabajo, funciona también sin el agua diamante, pero con agua diamante, en 6 o 7 semanas decodificamos ya una buena capa. Si se hace esto, automáticamente se limpian también todos estos egregors, y no alimentamos más a los pueblos que se sirven de nuestras energías para pelearse y matarse. Puedo verlo en los niños pequeños, y en los animales. En una familia donde hay una pareja que parece vivir de manera cordial, pero en el seno de la cual hay tensiones, cosas conflictivas en la energía, si hay 2 gatos o 2 perros, van a pelearse. ¿Por qué? Porque se vuelven los pararrayos, por amor hacia sus dueños. En el pasado tuve muchas veces la oportunidad de limpiar estas energías, larvas, miasmas de las auras. Quince días más tarde, el gato de la casa moría. Eran éstos los sacrificios de los tiempos antiguos. Se ofrecía una paloma, un cordero, en tal periodo de la luna, con un gran sacerdote que era fuerte en la energía, y automáticamente había una limpieza del aura, que no repercutía en la genética, pero que permitía a la familia real, davídica, etc., ser un poco más pura que las otras.

Pregunta: ¿El exorcista de los tiempos modernos puede ser ayudado por el agua diamante?

Pienso que sí, seguro, incluso utilizándola como agua bendita. Hay un eclesiástico que la pone en sus pilas de agua bendita. Hay que decir que es un cura anti-papa. Tiene 70 años y ha comprendido ya muchas cosas. Viene a mis conferencias y bebe el agua diamante, la pone en sus bendiciones y la da a sus parroquianos. Es bastante abierto, lo celebro, es alguien que hace una verdadera búsqueda.

Respuesta a una pregunta.

Sí, si conocéis a niños que son médiums, y un poco «raros», dadles agua diamante, les va a ayudar mucho a anclarse. Si no, les espera el suicidio. Yo lo sé, mi hija tuvo que pasarlo. Es muy duro para ellos, muy duro vivir en un mundo tan primitivo como éste.

Pregunta: Soy panadero y pongo el agua diamante en mi pasta. Quisiera saber si es posible poner agua diamante en la levadura.

Tengo la impresión de que la levadura vuelve a sembrar los códigos. Pero haga la prueba. ¿Funciona cuando hace pan con agua diamante y levadura? Es genial, y usted mete todo su amor ahí dentro. Seguro que va a hacer evolucionar a las personas. Por el contrario, con la levadura química, el agua diamante impide la fermentación. Yo sé que no tenemos necesidad de la levadura para hacer el pan, es lo que me dijo una señora que hace, su pan sin levadura, sin fermentación, sin nada. Hay personas que han hecho bizcochos de agua diamante, y nunca han subido.

Si tenéis un barreño de agua o un estanque de agua que se vuelve verde y se huele el lodo, poned un poco de agua diamante dentro, y a la mañana siguiente ya no huele más. Si tenéis cerca de vuestra casa aguas un poco cenagosas que huelen mal, a causa del calor quizás, verted allí, eso detendrá la fermentación.

Intervención: «Yo puse en una botella agua diamante cerca de un horno micro-onda, y éstas destruyeron la vibración del agua».

Es muy posible, ya que las microondas son ondas muy mortales. ¿Pero has hecho la prueba de dejar el agua reposar un momento en otro lugar para ver si ella recupera su frecuencia vibratoria? ¿No? Hazlo cuando tengas la ocasión, ya que la diferencia entre este agua y un agua energética que podríamos hacer con barritas de platino, cristales, etc., es que estas aguas energéticas, que son muy buenas, han aumentado, han incluido memorias energéticas en el átomo existente, mientras que en el agua diamante es otra molécula, que puede rehacer su energía. Por lo demás, ella puede cambiar de gusto, lo veréis. Así, el día que recibáis amigos en vuestra casa, por ejemplo a un alcohólico, un depresivo y un drogadicto, y que pasan el día con vosotros en casa, no osareis echarles fuera, pero sabréis que vuestra casa está contaminada. Vuestra agua, por la noche, corre el riesgo de oler más y de estar un poco turbia. No la tiréis, esperad, ella se va a autopurificar, porque está viva, es algo muy diferente. Haced la prueba.

Pregunta: ¿Para las centrales de depuración, hay algo a hacer?

Ciertamente. Yo cuando salgo de viaje, siempre tengo una botella vacía en mi maleta y algunas veces hago agua diamante con agua del grifo del hotel, y cuando paso delante de un río, un lago o de agua podrida, la vierto dentro; incluso en el mar. En una gran estación de depuración — si alguien acepta de verter el agua — harían falta una decena de litros cada dos o tres días, en diferentes lugares para que se multiplique rápidamente. Y habrá ciertamente un efecto, estoy seguro.

Actualmente, en Francia, hay tres emplazamientos extremadamente contaminados con metales pesados: la Sologne, el Beaujolais, y una región en las Ardennes. Sería juicioso verter el agua diamante en los ríos y los lagos de estas regiones.

Intervención de una persona que habla de los acuarios.

Un día una señora recibió la visita de una amiga, y se produjo una gran fuga en su cuarto de baño, donde están los lavabos. Todos los excrementos de los vecinos de arriba se esparcieron en el cuarto de baño. Era una verdadera «mierda», perdonen la expresión, con un olor imposible. Ella se hizo la pregunta:»¿Por qué me ha pasado esto?» Esto es lo que hay que hacer. Y su amiga le dijo: «Sabes, no tenemos más que poner agua diamante ahí dentro». Esta señora aun no tenía, pero su amiga le había traído, y pulverizó una pequeña cantidad de agua sobre el magma de excrementos, que desprendía un olor pestilente, y al cabo de una hora se dieron cuenta que ya no había ningún olor en el cuarto de baño. El magma devino una crema un poco pastosa que recogieron delicadamente en un cubo. Cuando el fontanero vino vieron que la fuga venía de un piso mucho más alto. Comprendieron que en ellas también habían tuberías taponadas por viejas memorias, y que hacía falta ocuparse de ellas.

Por tanto el agua diamante tiene una acción de descontaminante a ese nivel, cuando son materias orgánicas tales como las sustancias naturales del hombre. Entonces con los peces, en mi opinión, también debería funcionar bastante bien, quizás cambiando el agua una vez al año solamente cuando hay agua diamante en la pecera. No sé, hay que verlo.

Una contaminación que afecta al ser humano afecta también al agua. Es cierto que si ponemos este agua debajo de una gran pilar de alta-tensión, ella va a sufrir alteraciones. Pero lo que yo creo, es que si retiramos este contaminante, se va a regenerar. El principio no se ha vuelto inactivo para siempre, porque está viva; es divino y por tanto vivo. Haced la prueba. Es un poco como si hicierais trabajar a un ser humano en el metro de París durante un mes, comiendo en un restaurante todos los días y durmiendo 3 horas por noche, y después le lleváis a Chamonix. Bien, con el agua pasa lo mismo. Se va a regenerar, de eso estoy seguro, porque está viva.

He visto un agua que olía a podrido. Cuando la persona comprendió porqué, el agua olió de nuevo bien. El agua le sirvió de espejo. Otro ejemplo, hay una señora que tenía desconfianza hacia el agua. Una amiga le dijo: «Toma, pruébala, he recibido un agua, no esta mal, prueba por ti misma». Y ella le respondió: «Sí, pero nunca se sabe, quizás es el diablo quien está dentro». Entonces la tomó, con un cuentagotas. Si es su verdad ¿por qué no? Ella se puso varias gotas en la boca. Esta señora tuvo durante 2 o 3 horas dolores de estómago terribles, aunque no le pasaba nada a su estómago. Entonces su amiga me llamó al día siguiente preguntando por qué le había pasado eso a su amiga. Y le dije: «El agua diamante le ha mostrado su desconfianza. Ahora, dile que la beba del vaso, abriendo su corazón al amor».

Por lo tanto no os fiéis de las personas que dicen esto o aquello. Ellas ven exactamente en este agua aquello que son ellos mismos. Y si alguna vez hay personas que no deben tomarla, no insistáis para que la tomen, porque perderán la botella, se romperá, la olvidarán, le volveréis a dar otra y pasará lo mismo, y 15 días más tarde van a volver a pedirla y van a volver a perderla, o alguien se la va a quitar o otra cosa. No insistáis, en ese caso es que no están preparados.

Pregunta sobre la forma de codificar.

Yo doy el agua gratuitamente. Algunos compran el codificador para programar aceites esenciales, o cápsulas, o productos de belleza. Yo lo comparto completamente, lo dejo ir todo, y al final, si vengo a hablar del agua diamante, es porque me lo han pedido, porque al principio, no estaba ni siquiera previsto. Yo he enviado este agua, pero tengo otras cosas a hacer. Cuando me lo pidieron sentí que era apropiado, y por tanto lo hago. No comprendí demasiado bien al principio que se trataba de esto.

¿Lo que os interesa, es que os explique la manera en que yo meto los códigos? Lo que voy sobre todo a explicar, en el curso de mañana, es como cambiar la película de la vida, decodificando, desprogramando la película —la bobina del film que gira en nuestro subconsciente— sin corregir nada del exterior; simplemente borrar la película más rápido con el agua diamante. No es fácil de explicar, y no es fácil de practicar, pero es verdaderamente la llave que os puedo transmitir y después vais a encontrar el agujero de la cerradura para meterla. Sois vosotros los que vais a codificar, Sois vosotros los que vais a codificar el agua para desprogramar y transformar vuestro vehículo. Y seguro, se puede hacer sin el agua diamante.

Los códigos están hechos para que el agua pueda recibir vuestra programación. Es como si tomáis por ejemplo una banda de plástico y hacéis una banda magnética. Es la diferencia ente el agua diamante y otra agua que es quizás menos sensible, menos dentro de esta inteligencia y de esta vida.

Pregunta: ¿nos puedes hablar de los usos que se pueden hacer del codificador?

Se pueden meter las intenciones dentro: aliviar un enfado, un miedo. Algunas veces me pasa que duermo con él. Por ejemplo en un hotel, si hay ondas nocivas, soy tan sensible a ellas que no puedo dormir. Entonces lo tomo y duermo con él, me va mejor, me descanso. Es sensible a la música. Cuando ponemos una música especial, energética, se siente, se calienta. Se puede poner en los lugares donde hay dolor. Hay kinesiólogos que lo utilizan: ya sea que se lo dan a sus clientes, o que lo toman para probar con sus manos, no sé muy bien como lo hacen.

Por contra, en un plano más práctico, hay un señor que destila aceites esenciales y que codifica sus aceites esenciales con esto. Dice que es asombroso, porque deja el codificador en remojo 3 días, dentro de un litro de aceite esencial, y el perfume cambia. También es utilizado por una firma de productos de belleza. Este codificador es necesario para codificar las cosas en las que uno no puede utilizar el agua diamante, como los aceites esenciales. Pero si alguien hace un producto a base de agua, entonces utiliza el agua diamante, no hay necesidad del codificador.

En un plano individual, se puede meditar con él. Si se pone una intención en él, a partir de que el efecto de la intención a actuado sobre vosotros, la intención se borra. El codificador no es personal, se puede prestar. Actuá inclus o a través de un bolso. María lo utilizó un día en el que tenía que pasar un examen, en su bolso sobre sus rodillas, y todo el stress se fue hacia dentro, discretamente.

Pregunta: ¿Se puede sumergir aceite esencial en agua diamante?

Sí, la codificación pasara al interior, seguro. ¿Sumergirás el frasquito de aceite en el agua? Sí, pero como el aceite es mucho más largo para codificar que el agua, hará falta dejarlo por lo menos una noche.

Pregunta: Si fabrico elixires de piedras con agua diamante, ¿es útil poner la piedra dentro?

Sí, absolutamente, es útil poner la piedra dentro, pues vas a poder amplificar el efecto de la piedra. Y puedes purificar tus piedras, puedes meter intenciones en tus piedras de una manera más potente, a través del agua diamante.

Incluso si tomáis tratamientos a base de plantas (fitoterapia, homeopatía), o incluso un medicamento alopático—contra la diabetes por ejemplo—podéis meter la intención, bebiendo vuestro producto con el agua diamante, de que sea mucho más curativo y que actué verdaderamente según aquello de lo que tenéis necesidad.

Pregunta: ¿Un código es corpuscular? ¿Los códigos que metéis son corpusculares? ¿No es espíritu puro, un código?

No, eso depende de lo que entendamos por puro espíritu. Pues siempre tenemos el mismo problema, si decimos puro espíritu, es que todavía hay cosas impuras. Bien, voy a daros un código. Por ejemplo en sus libros, Kryon habla de un código que es el 9944. Con esto, podemos hacer muchas cosas multiplicando, dividiendo, etc., y encontramos varios juegos de cifras que yo transformo en sonidos, y tocando el sintetizador delante de mis tubos, se codifican, se programa en el interior. Por tanto no entiendo la noción de corpuscular.

—*Por que la informática, es corpuscular, puesto que los electrones...*

Si, pero de eso yo no conozco nada...

—*Yo tampoco, pero sabemos bien que la informática es corpuscular.*

Me lo estás enseñando en este momento, gracias.

—*Entonces pensaba que los códigos también podían serlo.*

Quizás, pero no lo sé. Lo que sé es que mientras canalizo y toco estos sonidos, automáticamente hay energías que salen de mi cuerpo, en forma de rayos, como pequeños lásers, y que se van a meter dentro de la espiral de ADN que hay dentro del codificador. Puesto que de hecho, este codificador, es un ADN, es por eso que se me dijo en el sueño que os he explicado, que esto se llamaba ADN 850. De hecho es un ADN codificador.

—*¿No es un ADN biológico, que viene de la biología ?*

No está extraído del cuerpo humano, ni de una planta, ni de nada. Es un ADN de luz.

Entonces, lo que hay ahí es un ADN atrapado en ese tubo, simplemente. Si pudiéramos tener todos nuestros filamentos de ADN como este ADN que está en el interior, seriamos todos maestros, porque ahí no hay más pasado, no hay más futuro, no hay mas karma, no hay más nada. Hay justamente los códigos de un nivel de evolución. Pero es verdad que los códigos que me fueron dados para meter fueron metidos en 3 años. Y a medida que las personas y yo mismo avanzábamos en la consciencia, me hacían meter otra serie de códigos, pero no todo enseguida. Y ahí, desde el mes de abril/mayo, no he añadido ni uno solo. Y quizás en octubre me dicen : *Venga, vamos a meter cincuenta más.* ¿Por qué ? Porque quizás vosotros tendréis necesidad, y yo también, en ese momento.

En esta investigación, yo no puedo hacer nada por mí mismo ni por mi propia voluntad, a tal punto incluso que si el día en el que debo investigar me voy al cine, me dan una bofetada : dicho de otra forma, tengo dolores, no funciona, el autobús se estropea, hay un desvío, llego demasiado tarde, la película es horrible, tengo un mal sitio ¡con niños que gritan! Y es así. He hecho la prueba a menudo, y ahora ya no lucho más, en absoluto.

En relación a lo que hemos hablado del agua, está de verdad viva. Voy a contaros una historia que vivimos la semana pasada. ¿Veis este pequeño atomizador? Siempre lo llevamos con nosotros. Estábamos en Carcassonne el viernes y fuimos a comer a la Cité, por la tarde. Y como siempre, atomizamos un poquito de agua sobre nuestros platos. La cena terminó, salimos, y empezamos a marcharnos. En ese momento María me dice : « Mi cena no pasa, tengo nauseas, tengo dolores aquí, esto no funciona ». Entonces le dije : « No tienes más que tomar agua diamante una vez estemos en casa, con la intención de digerir bien ». Y ella comprendió que había olvidado la botella sobre la mesa del restaurante. Una vez recuperada la botella, se terminó todo, todo fue bien. ¿Veis como está viva ? Parece de risa cuando digo cosas como esta ; no es comprensible para todo el mundo. Es otra dimensión, está viva.

Curso Sobre el Agua Diamante

Voy a daros ahora un pequeño curso de naturopatía muy simple, muy corto, muy esquematizado, para que podamos comprender que la enfermedad no proviene nunca del exterior. Aquello que nos viene del exterior es revelador de un estado de deterioro de los humores internos, es decir de la sangre, de la linfa y de los líquidos celulares del interior del cuerpo, y el golpe de frío, el microbio o el cambio emocional no son más que medios reflexógenos para revelar al exterior estos estados internos. Vais a comprender a continuación que los sucesos de la vida son a menudo medios reflexógenos para hacer emerger memorias que tenemos olvidadas a causa de la amnesia de la encarnación.

Por supuesto, todo esto que os digo es muy esquemático, muy generalista, hay un montón de excepciones a todas estas cosas, como en todas las reglas. Para empezar, el tubo digestivo del hombre no es un tubo digestivo de omnívoro, tal y como aprendimos en la escuela, sino de frugívoro, similar al de los grandes gorilas de África que se alimentan de cortezas y un pequeño carnivorismo no sangrante: huevos, miel, insectos, o pequeños ratones muy de tanto en tanto. Pero como a nosotros nos han enseñado que somos omnívoros, hemos aprendido a comer de todo, pero con la consecuencia de un detrimento de la juventud y de la vitalidad del sistema digestivo, el cual en un momento dado empieza a ensuciar el cuerpo con toxinas cristaloides o coloidales.

Además, cuando se llega a un cierto nivel de deterioro físico en la sangre, la linfa y los líquidos celulares, y también en los sistemas huecos como los pulmones, las cajas articulares, el cerebro, los senos y el útero en las mujeres, se llega entonces a crear en nuestro cuerpo marismas, bloqueos, que son un poco lo mismo que las memorias del subconsciente dentro de nuestras células.

Mirad, he hecho un pequeño dibujo. Tenéis dos categorías. Cuando comemos demasiados productos animales, es decir, mencionando primero lo que más obstruye y después lo que menos obstruye, tenemos que: la charcutería, las carnes muertas, las carnes rojas, el pescado graso, el pescado magro y al final los quesos curados (gruyere, comté...), los quesos fermentados (brie, camembert) y los quesos frescos, con este tipo de alimentos acumulamos en la sangre muchos ácidos, ácidos que vienen de la descomposición de las carnes, de los productos animales y postanimales (queso, leche,... Lo que no quiere decir que no se deban comer. Os estoy dando una idea muy esquemática.

Estos ácidos dentro de la sangre son normalmente eliminados por el sistema urinario (ríñones y vesícula), y eventualmente por las glándulas sudoríparas cuando transpiramos. Pero hay un momento dado, para todo el mundo, en el cual estos ácidos no son bien eliminados. El Ph de la sangre está alrededor de 7,35. Si desciende por debajo de los 7,20, morimos porque la sangre se vuelve demasiado acida. Es el problema de los diabéticos cuando tienen una acidosis y entran en coma diabético.

Esta sangre que se ha vuelto acida, va a empezar poco a poco a decalcificar, a roer la estructura esquelética, y en particular los cartílagos porque son huesos más bien blandos, y el calcio de los cartílagos se va a añadir al ácido que hay en la sangre (que puede ser un ácido fosfórico, úrico, carbónico, etc.) para formar sales. En química, si juntáis un ácido con una base, si juntamos ácido clorhídrico con sodio, se va a formar cloruro sódico, o lo que es lo mismo, sal de mesa. Y son estos pequeños cristales los que podemos encontrar algunas veces por la mañana en los ojos. Vienen de la precipitación en las lágrimas y en el líquido ocular de estos ácidos con los componentes del esqueleto. También son estos los pequeños cristales que oímos cuando giramos la cabeza, se oyen como piedrecitas, también es esto.

Estos pequeños cristales se van a localizar principalmente, en la mayoría de las personas, en las cavidades articulares: las rodillas, los tobillos, los codos, los intersticios intervertebrales, pero igualmente en los huesecillos de las orejas, para dar lugar a la sordera, peden ubicarse detrás de la pupila, con el paso de los años, para dar lugar a la catarata, pueden ubicarse en la piel en caso de eliminación para formar la soriasis, la *zona (dermatosis aguda caracterizada por la erupción de vesículas dispuestas por grupos a lo largo del nervio)*. Van a meterse en la vesícula para formar piedras, en los senos para hacer quistes, y los fibromas cuando se localizan en el útero de la mujer, en forma de granulos o incluso de pelotas de tenis; y muchas cosas más. Por ejemplo la artrosis deformante o el reumatismo en nuestro país, serán la lepra en los países cálidos, pero es la misma enfermedad. Es porque la radiación de ciertos países provoca otro tipo de reacción, lo mismo que afecta la genética de la raza. Pero aquí no nos vamos a meter en detalles demasiado complicados que no vamos a intentar comprender.

Entonces, de vez en cuando, retomamos un poco de vitalidad porque nos hemos ido de vacaciones, o quizás a través de una toma de consciencia, o bien hemos cambiado un poco nuestra alimentación, o hemos mejorado nuestros esquemas interiores. Entonces la vitalidad del cuerpo aumenta. ¿Qué pasa en ese caso? Que vamos a tener una crisis de eliminación, que será caliente, ardiente, dolorosa, como la faringitis, las anginas, la conjuntivitis, la *zona*, las crisis de reumatismo. Y seguro que además, a éste deterioro alimentario se vienen a añadir las memorias kármicas, las memorias celulares, asociadas a la tradición genética efe los padres (por ejemplo, padres que hayan tenido problemas en los intestinos desde generaciones atrás : el punto débil familiar está ahí, y por tanto será ahí donde más se va a deteriorar el descendiente), pero también por el signo astrológico, el lugar donde vive, el clima, las relaciones psíquicas y emocionales con la persona con la cual convive, la profesión que ejerce, el sueño, etc. Por tanto, para ocuparse verdaderamente de una persona, haría falta vivir todos los días con ella durante un año para ver todo aquello que hay que hacer, y eso es un trabajo inmenso. Es por ello que es imposible curar a alguien verdaderamente a fondo. Y es mejor así, pues de esta manera las personas se toman a sí mismas a su cargo.

Hay personas que han decidido no comer más carne y ser vegetarianos, y ¿por qué no ?, pues la carne no es el alimento base del ser humano. El consumo de carne se origina después del diluvio, cuando la tierra se alejó del sol y a causa del enfriamiento brutal en los polos y de un recalentamiento en el ecuador, que provocó que todo el agua que estaba arriba, se precipitase sobre la tierra, y el hombre se vio obligado (y autorizado, las Escrituras lo dicen) a empezar a comer carne debido al clima. Pero esto fue en detrimento de la longevidad de su cuerpo físico. Es partir de ese punto, además, que las 4 razas — negra, amarilla, blanca y roja — aparecen, a partir del fraccionamiento de una sola raza que contenía todas las cualidades de estas cuatro.

Aquellos que decidieron no comer más productos animales, que decidieron ser vegetarianos o vegetalianos, llegan a veces a un extremo en el cual comen muchos cereales, es decir, productos que vienen del grano : las pastas, el pan, todo aquello que está hecho a base de trigo, cebada, mijo, alforfón, pero también de judías y otras leguminosas las cuales ya son un poco más digestivas, de lentejas, todo aquello que es un grano y todo aquello que está hecho con grano : las tostadas, las crepés, etc. Lo que no quiere decir que sean malos o que no haya que comerlos, porque cuando hace frío en invierno, la digestión lenta de estos alimentos produce calorías que hacen que no nos sintamos demasiado frioleros. Un esquimal no podría pasar sin carne ni cereales, sino no viviría ni 10 años en ese clima. Pero también es cierto que lo esquimales no llegan a viejos. A los 45 años ya son un poco ancianos, y las mujeres son menopáusicas hacia los 38 o 40 años.

Entonces, los granos están seguramente previstos para los granívoros, quienes disponen de un tercer estómago y de un filtro que permite transformar el almidón de los cereales en maltosa, en dextrosa y en glucosa. Pero como nosotros no lo tenemos, hacemos cocer los granos en un fuego demasiado brutal, y la transformación no tiene tiempo de hacerse. Y son entonces el hígado y el páncreas los que se cargan con todo el trabajo. Todo esto hace que un plato de pasta puede estar hasta 12 o 20 horas en digestión para el hígado y el páncreas, y no nos damos cuenta. Pero se necesita de un gran trabajo, y como sabemos que este trabajo está exigiendo esfuerzo al nivel de la batería del cerebelo, de año en año el sistema se agota. Los Esenios comprendieron todo esto, y fabricaban un pan de germen de cereales (por tanto, menos almidón) y lo cocían lentamente al sol.

Normalmente estos alimentos son digeridos por el hígado, la vesícula, el páncreas, por las lipasas, las amilasas, etc. En un momento dado, esto también se fatiga con la edad, y automáticamente se crean en la sangre deshechos coloidales, que son el inverso de los restos cristaloides. Los deshechos coloidales son las materias viscosas, un poco pegajosas, que expulsamos cuando nos sonamos la nariz, que encontramos algunas veces en los ojos, o en los granitos de acné de los adolescentes, en los abscesos, etc. Cuando os cortáis y a veces creéis que tenéis una infección, no es cierto, es porque en vuestra sangre hay deshechos coloidales, y el corte crea una salida de socorro que hace que el cuerpo vaya inteligentemente a aprovecharse de ello para eliminar deshechos. Pero la piel a veces no puede gestionar la afluencia de toxinas, que forman entonces un lugar ideal para el desarrollo bacteriano, lo cual puede degenerar en gangrena.

El cuerpo puede tener un empuje de vitalidad por las causas que hemos visto, o bien a causa de la compañía de una persona que ya ha pasado esta crisis. Las enfermedades, en mi opinión, se atrapan por el aura, por la energía. No soy el único que lo mantiene, por suerte. El Dr. Hamer, médico alemán, dice que incluso el SIDA se atrapa de ésta forma. Se coge por el aura, por la vibración, y el microbio, él, viene después. De la misma forma que si no limpiamos esta sala durante 10 años, habrían ratas, cucarachas, etc., pero no son ellas quienes han ensuciado la sala. Por tanto, si hay urgencia de trabajar con antibióticos para matar las ratas, yo estoy de acuerdo, pero quizás no deberíamos dejar los cadáveres. Se tendría que hacer limpieza inmediatamente después. Esta es un poco la no-comprensión actual, a nivel alopático.

Cuando el cuerpo intenta hacer esta eliminación y hay en el sistema deshechos coloidales. En ese caso nos encontramos a menudo con enfermedades «húmedas», en las cuales expectoramos, tenemos diarreas, o tenemos granitos con pus, abscesos, pero son en general raramente dolorosas, raramente acompañadas de fiebre. Es la bronquitis con mucosidad, es el resfriado con mucosidad, pero no hay fiebre, aunque es raro tener una enfermedad que sea únicamente coloidal o cristaloidal, a menudo están presentes los dos tipos. En el caso de los fibromas, encontramos a menudo una mezcla de elementos pegajosos amalgamados con cristales par formar una bola que se va a instalar en el útero. Esto es debido seguramente a un esquema que esta persona tiene en relación a los hombres, y en especial al padre, dando como resultado una marisma interna donde la sangre no puede circular bien, y donde las suciedades se instalan.

Aquí tenéis el diccionario medico: tenéis una enfermedad que duele, entonces hay que estimular los ríñones y la vejiga; tenéis una enfermedad que no duele, que escupe, etc., hay que estimular el hígado, etc. Lo podéis hacer con plantas, con acupuntura, con magnetismo, con lo que tengáis más a mano. Pero en todos los casos de enfermedad, lo que de verdad cuenta es hacer como los gatitos y los perritos y como todos los animales del mundo, es decir, abstenerse de comer y vaciar el intestino. ¿Habéis visto lo que hace un perro cuando se ha obstruido? No come, y va a masticar las hierbas de los campos, las cuales le sirven de puerros y de tisanas para limpiar su intestino, vaciar los cubos de basura para que las toxinas puedan entrar.

Hay 3 tipos de enfermedades sobre la tierra. Y esto no tiene nada que ver con la espiritualidad, aunque también es espiritual, porque forma parte de un todo. Actualmente vivimos en un mundo donde todo está adulterado, especialmente a nivel alimentario; a veces somos esclavos de ciertas cosas, como es mi caso, pero hay que saber que existe la posibilidad de curarse por sí mismos, sin necesidad de ir a ver a alguien que conoce menos bien que vosotros vuestro propio cuerpo, incluso si tiene un diploma. Entonces, los 3 tipos de enfermedad son: *la enfermedad aguda, la enfermedad crónica, la enfermedad degenerativa.*

Cuando hay sobrecargas, pero la fuerza vital aun es joven, como es el caso de los niños pequeños, de un solo golpe, y debido a un cambio de clima u otra cosa, el niño hará una fuerte febrada y una crisis para eliminar. A menudo son otitis, faringitis, porque la alimentación los ensucia mucho con cristales. Algunas veces, es porque les damos galletitas o harinas, que no son en absoluto buenas. Entonces presentan una enfermedad aguda, es decir, tempestuosa, centrífuga — del interior hacia el exterior, para eliminar. Si le dejamos hacer, si ponemos al niño a dieta de compota de manzanas durante 2 días — manzanas cocidas para no alimentar ni dar vitaminas, pero tampoco hacerle ayunar, si no está acostumbrado — si utilizamos las plantas, y porque no el agua diamante, con la intención de eliminar lo más rápidamente posible, en 2 días estará terminado, se quedará tranquilo, y después estará mejor. Se verá en su esqueleto, que se expande en vez de encogerse.

Pero si la rechazamos con fuerza mediante antibióticos y si llegamos a quebrantar la crisis inteligente del cuerpo — porque este cuerpo, es Dios —, en un momento dado, con la edad, su fuerza vital será dubitativa, vacilante. Entonces está fuerza aumentará un poco, pero ya no será tan fuerte como antes. Volverá a disminuir, y a aumentar otra vez, y poco a poco se llegará a algo que vamos a llamar la cronicidad, que llega como final de un decrescendo muy progresivo. Y en ese punto, se va a empezar a ser alérgico al polen; quizás va a presentar bronquitis asmáticas; va a empezar a estar resfriado todo el invierno, o a dormir mal, a estar nervioso; va a hacer falta ir al oculista para poner gafas, por ejemplo, porque las otitis rechazadas habrán ensuciado el cerebelo hasta el extremo del nervio oftálmico, y por tanto no habrá más enfoque y harán falta las gafas: el esqueleto empezará a encogerse, o la obesidad se manifestará, siendo ambas degeneraciones del tipo central. Es por esto último que los dentistas actualmente ponen estructuras alrededor de los dientes a los jóvenes, diciendo que es la mandíbula que no es lo bastante grande para los dientes. No es cierto, pero a fuerza de dar antibióticos contra la faringitis, otitis o anginas ocasionales, el esqueleta empieza a retraerse, y por tanto la mandíbula también se retrae, y no hay suficiente espacio.

Entonces se va a llegara la cronicidad, porque de hecho, las alergias no existen. Es todavía un intento de reacción, pero que no consigue llegar hasta el punto agudo, a estímulos como son el polen, el pelo de gatos, los ácaros y otros, que van a parar a la mucosa endonasal (la parte anterior de h nariz) la cual está tapizada de una red de nervios muy sensibles destinada normalmente a captar el prana —del cual la persona se puede alimentar, sin comer, aquellos que lo pueden hacer. Este prana envía la energía al nivel del cerebelo, el cual para mí es comparable a la batería de un coche. El cerebelo recupera las energías por el aura que por la mañana al despertar vuelve al cuerpo, y por los 100 metales —y más actualmente— de la tabla de Mendéléiev, que funcionan como pequeñas pilas de frecuencia. Él redistribuye a cada órgano —a la reflexión, a la palabra, a la digestión de tal o cual cosa— una longitud de ondas bien determinada para cada trabajo que el cuerpo físico debe hacer. Pero si en el lugar del cerebelo hay restos y residuos como la cal en los grifos, es decir, cristales o coloides, la conducción eléctrica se hace mal, y el órgano que está en el otro extremo no funciona bien.

De tanto en tanto, hay un sobresalto, una estimulación por el polen u otra cosa, y se intenta eliminar mediante una crisis. Pero es un proceso largo, duro, es muy penoso para la persona, porque no tiene suficiente fuerza para hacer su fiebre, una buena fiebre bien fuerte, y eliminar de un solo golpe. Entonces en este caso también, nos volvemos a retraer otra vez, y lo que acostumbra a pasar, por desgracia, es que las personas que han visto rechazar los sistemas alérgicos, como el asma, a golpes de medicamento, de vacunas, etc, a la edad de 50, 55 o 60 años, según la vitalidad hereditaria, manifiestan un cáncer de hígado o de páncreas, porque estas alergias han sido retraídas aun más abajo, y retrayendo más profundamente se canceriza al individuo—es decir que encerramos las ovejas furiosas en el establo. Es un poco lo mismo, en vez de dejarles correr para que se expandan y se curen. Es justamente todo lo contrario de lo que nos han enseñado en la escuela. Pero en este sistema, a menudo hay que ponerse cabeza abajo para ver la verdad.

El microbio, él mismo, viviendo en un medio polucionado, puede también mutar; puede volverse malo. Por ejemplo, si todos nosotros aquí en esta sala, tuviéramos que vivir juntos un mes, acabaríamos pegándonos los unos a los otros, y mutaríamos porque no dispondríamos de nuestro espacio. Con el microbio pasa un poco lo mismo. Es como el perro en la perrera que se pasa todo el día encerrado, ya sabéis lo que quiero decir. Entonces, yo no digo que no hay que utilizar los medicamentos alopáticos en caso de urgencia, no estoy en absoluto en contra, pero es un poco como los bomberos, no se les llama si solamente hay una cerilla que quema—aquí se entiende suficientemente bien lo que hay que hacer.

Por tanto, el mejor medio de curar todo esto, es ponerse a dieta y ver en que tipo de eliminación estamos. Y ya sea que tengáis una mononucleosis, o una crisis de asma, o una bronquitis, es suficiente hacer esto y tener la fe que Dios habita en los átomos que constituyen vuestras células para que se cure. Os lo garantizo. Os podéis hacer ayudar por un terapeuta que esté en la misma sintonía—un homeópata, un acupuntor u otro—y el agua diamante que os puede ayudar a eliminar mucho más rápido, lo he constatado en numerosos casos.

Vamos a tomar un ejemplo que yo he vivido. Se trata de una jovencita que tenía cistitis y se le daban antibióticos. Tenía dos o tres cada año, desde la edad de 2 o 3 años, hasta los 7 años. Cada vez, se le decía que tenía un microbio en la vejiga y que hacía falta tomar antibióticos. Hacia los 7 u 8 años, esta jovencita dejó de tener cistitis. Su vitalidad fue disminuyendo de año en año, y fueron apareciendo problemas de equilibrio. A la edad de 16 años, fue la esclerosis múltiple, y a los 20 la silla de ruedas. Cuando llegó a mis manos, tenía 83 años, y le hicimos remontar toda la pendiente. Se le recomendó una alimentación cruda biológica—únicamente legumbres y frutas crudas, queso blanco fresco y huevos crudos. Fue muy valiente, pero también estaba muy motivada. Al cabo de 3 años de esta alimentación, y con revitalizantes, empezó a caminar con la ayuda de alguien a su espalda. Y en el momento en que debía tomar la decisión de dejarse ir, porque esto era un karma, en ese punto se desanimó, porque ahí había un camino espiritual a realizar para ir más lejos. Pero si hubiera podido hacerlo, se habría curado.

Un jovencito con leucemia, es el mismo caso. Está allí, condenado a 3 meses de vida, como máximo. Después de 8 meses de higiene alimentaria, volvía a jugar al fútbol, tenía 10 años. Pero estuvo obligado a volver a hacer sus crisis de eliminación. Si tomáis el agua diamante, está previsto que vuestro organismo, sobre todo si sois jóvenes, después de 3 semanas de beber medio litro de agua diamante por día, tengáis una buena fiebre o un mal de garganta. Sabed que es la vitalidad que el agua os ha dado, y quizás otras cosas también de vuestra vida, que han provocado una crisis de eliminación. Ved siempre esto como un regalo de la vitalidad que habita vuestro cuerpo y que os empuja siempre en el buen camino, pues nunca hay un mal sentido en esto.

Es esta forma de pensar la que ha sido extraordinaria para mí, y yo la he experimentado sobre las siete u ocho mil personas de las cuales me he ocupado, y es cierta en cada uno de los casos, incluso para una gangrena. Incluso para una gangrena no hay necesidad de antibióticos, incluso para un tétanos. Mi padre se curó de tétanos en 8 días, sin ningún medicamento. Por tanto es factible. El microbio es un tipo de animal, es suficiente con amarlo.

Preguntas y Respuestas

Respuesta a una pregunta.

Yo empiezo por abajo, por lo físico. Pero es cierto que cuando una persona llega hasta la enfermedad degenerativa, es que tenía en su interior memorias provenientes de vidas anteriores que le han llevado hasta ese punto, porque si no tuviera esas memorias, antes mismo de llegar a la fase final de la cronicidad, habría encontrado a alguien que le habría guiado, o libros que le aportaran respuestas; habría encontrado en su búsqueda. Pero a causa de estas memorias, justamente, que se lo han impedido, ha tenido que ir hasta el fondo. No olvidemos que entre nosotros algunos han vivido vidas en Egipto, en la Atlántida y en otras partes, donde hemos manipulado al pueblo mediante productos. Es la razón por la cual nosotros hemos atraído este tipo de medicina hacia aquí, ahora. Es la razón por la cual todo es justo.

Por lo tanto, las leyes físicas están más o menos ahí, con sus errores bien entendidos y sus incompletitudes. Yo lo he comprobado sobre mí mismo en casos graves. Incluso con un brazo roto, haciendo 8 días de ayuno, se vuelve a soldar sin necesidad de enyesado. Es un gato quien me enseñó esto. Había un gato que se rompió la pata de atrás por dos sitios, y la arrastraba como si fuera un trozo. No se movió durante 3 semanas, a base de agua, sin comer. Al cabo de 3 semanas, sin veterinario, sin nada, su pata se había reubicado en su sitio y estaba completamente soldada. Y no tuvo necesidad ni siquiera necesidad de reeducación.

Pregunta: ¿Qué podemos hacer para ayudar a una persona que tiene un cáncer y está pasando por quimioterapia?

El cáncer es un tema complicado, y no digo que lo haya comprendido todo a ese nivel. El cáncer es una célula de 2 núcleos. Para mí el cáncer es una curación. Es el alma, que vino con un buen paquete de memorias — un alma por lo demás que decidió venir, con valentía, sobretodo en esta época donde sabemos que estamos en el período donde hay que pasar por todo esto, si no, es demasiado tarde. Y esas memorias cuando pasan por el sifón del vehículo de la encarnación, destruyen, dañan el cuerpo físico. Es una memoria de dualidad, es por eso que la célula tiene 2 núcleos. A menudo cuando me ocupaba de las personas, hace tiempo, lo que yo veía en ellos durante las sesiones, es que eran personas que durante muchas vidas habían robotizado dentro del sistema. A menudo en entornos aristocráticos, por tanto duques, príncipes, personas que tenían un poder, y a quienes ese poder les ofrecía una vida que les parecía tan agradable que continuaron durante numerosas vidas, eligiendo siempre ese tipo de vidas para disponer de buenas posiciones y no sufrir. Pero haciendo esto dejaron de lado los deseos de sus almas de crecer en el amor, en la confianza y en la luz. En consecuencia, es como si el alma estuviera revestida de otra personalidad robotizada, como si el alma se hubiera transformado en dos personalidades. Entonces, para eliminar esto de manera brutal de un solo golpe, se ven obligados a pasar por la experiencia del cáncer.

Si la persona acepta y comprende esto y si se detecta y se trabaja desde sus inicios, cuando la persona aun no es demasiado mayor, si no ha tenido una mala vida anteriormente, en todos los planos, una vida demasiado desestructurante o autodestructiva, hay un medio para que se cure. Pero es un caso raro. Es difícil. En este momento tengo una amiga que tiene cáncer de pecho. No quiere absolutamente pasar por la medicina, y está haciendo todo un trabajo de investigación de memorias, al detalle, de aquellas que le han llevado hasta ese cáncer. Y ha tenido sueños que le mostraban que se iba a curar, pero los sueños no quieren decir que ella va a curarse con su cuerpo; es posible que cure su cuerpo, pero es seguro que curará su karma. Por tanto podrá reencarnarse sobre la Nueva Tierra que nos espera. Si no, los otros, irán todavía a encerar los zapatitos de los 'pequeños grises'. ¡Es una broma!

Lo mismo pasa con el SIDA. Algunos dicen que el SIDA es una enfermedad que fue creada en un laboratorio. Yo no lo sé, no le he verificado, y no es lo importante. En cualquier caso, está ahí, y a menudo se propaga a través del sexo. Es verdad que ha habido muchas manipulaciones a nivel del implante sexual, hace mucho mucho tiempo, y algunos fueron responsables de ello. Sabed que todo esto es justo, apropiado, incluso si es aborrecible humanamente, en el plano emocional y sentimental, pero es verdad que el camino de la evolución empieza allí donde los sentimientos se detienen. Hay una frase en los *Diálogos con el Ángel* que lo dice. Pero no todos estamos en ese nivel, y por tanto no es evidente. Algunas veces el sufrimiento es necesario, es así.

Aun y así, las pocas personas que conozco en Francia que están pasando por una quimio, calman un poco el dolor causado por la quimio bebiendo agua diamante en gran cantidad. Creo que en ese caso la quimio es en cualquier caso necesaria, excepto para aquel que se siente capaz de ir hasta el fondo de su karma sin tener nada que ver con la medicina química. Es una cuestión de consciencia personal. Tanto una opción como la otra están bien. Es difícil de aconsejar. Cuando una persona me dice: «¿Qué debo hacer en este caso?» No quiero influir en ella. Hay que tener en cuenta el miedo a la muerte y todas esas cosas.

Respuestas a una pregunta sobre la alimentación.

La buena alimentación es aquella que conviene a nuestro tubo digestivo. Ha habido muchas personas como Shelton, o Hanish en Alemania, que han explicado como se alimentan los animales que tienen el mismo tubo digestivo que nosotros. Parece que son los gorilas—¡lo que no quiere decir que descendamos de ellos! Normalmente, cuando no están en los zoos, cuando están en su entorno natural salvaje—el cual es en sí mismo cada vez más incompleto y contaminado, incluso en África—se alimentan casi exclusivamente de frutas, de cortezas de árboles, de ramas, y de un pequeño carnivorismo (10 al 15% de su alimento cotidiano). No comen granos, ni cereales, ni harinas, excepto la banana, que es una harina afrutada mucho más digestiva. En los aguacates, las manzanas y las zanahorias también, hay un poco de fécula. Estos animales llegan con la edad a volverse obesos, porque cada vez hay menos finitos, incluso en la jungla, y se ven obligados a dirigirse hacia las cortezas de los árboles las cuales comen en gran cantidad—lo que se correspondería en nuestro caso con las legumbres. Pero nunca están enfermos, no tienen ese tipo de problemas.

Si lo traducimos al hombre esto nos daría un 80 a 85% diario de legumbres crudas, porque cuando cocemos, matamos. Y si se quita la vida que hay en los átomos o en las células, no hay matrimonio: no se verá jamás a un joven ir a casarse con una muerta a la iglesia o al ayuntamiento, eso no funciona. Un átomo de calcio en el cual los electrones casi no giran, no lo vamos a asimilar, lo vamos a orinar en el water, incluso aunque provenga de un calcio biológico, no tratado. Por tanto, hace falta que haya vida. Es el objetivo del agua diamante el poner vida, es por ello que ponemos un poco en los alimentos, para devolver un poco de movimiento electrónico a la materia alimentaria.

Los glúcidos de las verduras y de las frutas son el carburante de los músculos. No podemos absorber el suficiente nitrógeno a través de la respiración, y por eso debemos tomar proteínas de los productos y sub-productos animales. Hay un poco de lípidos en los frutos secos, las aceitunas, y se deben tomar proteínas, pues están destinadas a reconstruir las células usadas. No son las proteínas las que dan energía; no es la carne la que da energía, da excitación gracias a los ácidos, como el café, pero no da energía. No es una energía pura, es dopaje. Estamos en este punto. Hablo de forma purista: hay que adaptar todo esto.

Pienso que si fuéramos capaces de ser ascéticos, al punto de comer el 80% de verdura y frutas crudas diariamente, con quizás 100 gramos de queso blanco por día, queso de cabra fresco, no fermentado o tierno, o yema de huevo cruda, podríamos vivir sin enfermedad hasta los 100 años al menos, después de los dos primeros años en los cuales tendríamos diarreas, crisis, granos, fiebre, para limpiar, unido a períodos de gran fatiga y otros, donde estaríamos como en un período de destete. Y es que estamos drogados a la alimentación como al café, al tabaco o al alcohol. Podéis comer montones de manzanas cada día, durante 10 años, y el día en que no tengáis más manzanas, no las echaréis en falta. Daos cuenta. Incluso con el pequeño croissant de chocolate de la mañana, si dejáis de tomarlo, vais a ver, habrá una falta, porque es una alimentación muerta. Lo he constatado sobre mí mismo.

Si tuviéramos la fuerza mental y psicológica para ser lo bastante equilibrados como para comer crudo, haría falta vivir en un clima cálido todo el año, el cuerpo desnudo al sol, no estar obligados a trabajar para ganar dinero, porque es algo que desvitaliza, disponer de una alimentación emocional en nuestras relaciones que fuera euforizante y enriquecedora, disponer de una alimentación mental que fuera de calidad, por tanto más rica, y disponer también de una instrucción o una alimentación espiritual, por tanto una investigación de quién es uno mismo y por qué está aquí, que fuera apropiada a nuestro nivel de evolución. Pienso que si tuviéramos todo esto de forma perfecta, tengo la certeza de que seríamos personas extremadamente bellas, inteligentes y felices.

Pero hay que reconocer que no estamos en ese nivel. Aprendemos a dar pasos en esa dirección. Como vivimos en un clima que no es de hecho cálido, que es a veces demasiado húmedo, psicológicamente nos falta luz, nos falta aire, nos faltan espacios verdes, nos falta magnetismo terrestre: estamos metidos en el cemento, con zapatos de plástico, con ropa sintética llena de colorantes químicos, de ondas eléctricas y electrónicas que nos contaminan sin parar el cerebro y el sistema vibratorio. Entonces compensamos con azucares que encontramos en el pan, en los pasteles, o en las galletas, en el vino, en el tabaco, en el azúcar, en las carnes: tenemos necesidad de excitantes, sino nos encontramos cansados. Por tanto hay que hacerlo lo mejor posible. Lo que cuenta es saber todo esto y adaptar los alimentos con tolerancia, los alimentos que contaminan según nuestra consciencia, según aquello que somos capaces también de soportar. Si alguien está muy débil del hígado lo va a compensar comiendo más bien carnes que pastas, porque sabe que en un momento dado se satura y no puede más. Por tanto hay que saber gestionar todo esto.

He explicado que las enfermedades no venían del exterior, sino del espacio interior, cosa que ya muchos de entre vosotros sabíais. Cuando comemos productos animales en demasiada cantidad, se producen ácidos que se transforman en cristales, y al tiempo que el cuerpo los quiere eliminar se van a crear enfermedades más bien dolorosas y secas (otitis, faringitis, anginas, reumatismos, etc). *Todas las enfermedades son crisis de auto-curación del cuerpo.* No es algo malo, es algo justo, apropiado : no es ni bueno ni malo, es apropiado. Es el cuerpo quien, como resultado de su vitalidad, intenta eliminar en forma de crisis. Hay que ayudar a estas crisis para que no duren mucho tiempo. Algunos son grandes comedores de cereales — como los 'macrobioticos' que comen muchos alimentos a base de semillas, (no incluyo aquí las semillas germinadas, porque el germen no es ya una semilla, es una verdura, ¿veis la diferencia ?. Si coméis 2 o 3 veces por día ya sea pan, pastas, arroz,... regularmente durante años, tendréis una tendencia a generar enfermedades más bien coloidales, restos más bien de tipo viscoso en la sangre, que se van a eliminar de tanto en tanto a través de mucosidad, catarros, bronquitis, diarreas, acnés, forúnculos y abscesos.

Cuando un niño es pequeño, tiene mucha fuerza. Así, cuando esté saturado con suciedad, hará una crisis con fiebre. Y si se impide mediante medicamentos alopáticos, lo que es una represión anti-sintomática, automáticamente la vitalidad baja con el tiempo y el niño puede llegar a la alergia, la cronicidad, es decir, que reacciona cada vez pero sin la fuerza suficiente para eliminar. Y si continua de esta forma durante 40 años, se termina con un estado degenerativo como el cáncer. Pero seguramente no es por azar que la persona ha llegado hasta ese punto antes de abrir los ojos, antes de ver, porque si hubiera sido apropiado, la persona se habría dado cuenta que algo no iba bien en ella antes de tener el cáncer, 20 años antes. Hemos acostumbrado de tal forma a las personas a ocuparse del exterior que no escuchan a su cuerpo.

Un día vi a un señor que tenía una enfermedad que se llamaba esclerosis amiotrópica de las neuronas musculares. Es una enfermedad descubierta por Charcot, donde los músculos de las piernas empiezan a atrofiarse y cuando la atrofia llega a los pulmones, la persona muere asfixiada. Esto dura entre 4 y 6 años y no hay ningún dolor. El único síntoma que había era que diariamente, durante 2 o 3 años, esta persona evacuaba heces líquidas. Cuando vi a este hombre, el cual estaba ya en silla de ruedas y no le quedaba más que un año de vida, le pregunté si le había dicho a su médico que había tenido durante 2 o 3 años heces líquidas. No, no se lo había dicho ; el médico tampoco se lo preguntó. Era el tipo de hombre que construye su casa con sus propias manos, hace carreras ciclistas, mudanzas, un bello ejemplar de atleta bien musculado. Y allí se rompió.

Por tanto, las personas deberían escuchar cuando tienen pequeños síntomas como ese, que son siempre pequeñas señales de alarma, precursores de algo que va a llegar más tarde. Y es ahí cuando hay que actuar. Si tenéis un niño que se despierta dos veces cada noche durante años, hay algo que no funciona, hay que buscar.

Intervención con el tema de la instinto-terapia de Guy-Claude Burger.

La señora explica que ha practicado ese sistema de alimentación, donde se ponía todo sobre la mesa: carne, verduras, frutas... pero todo crudo. Es un sistema que no está demasiado mal en el sentido de que mientras la persona esté obstruida, va a tener necesidad de carne cruda, y poco a poco tendrá menos necesidad. Eso ocurre también cuando hay una evolución de consciencia. Lo habéis comprobado en vosotros, a partir de que os volvéis más ligeros, más sutiles, los alimentos pesados empiezan un poco a molestaros; coméis menos cantidad, menos a menudo, y ocurre de manera normal.

Entonces, lo que quería decir, es que hay que intentar comer crudo todos los días. Si coméis frutas, comedias siempre fuera de las comidas, sobre todo las frutas fresca y jugosas, ya que fermentan en el intestino. Para lo que tiene que ver con el proceso de las tres fases de la enfermedad, os puedo dar un ejemplo. Un día, en el año 83, una señora enorme vino a verme, y aunque era joven, de unos 30 años, pesaba bien los 120 Kilos. Me dijo que hacía 10 años que estaba en esa situación, y que daba igual lo que hiciera, no había forma de perder peso. Le dije: «Si te doy un tratamiento a base de hierbas y un régimen, no va a funcionar. Vas a gastarte el dinero y no va a funcionar. Le dije: come crudo; no mezcles los alimentos: hazlo lo más puro posible. Y como sé por el estado en el que te encuentras que debes de ser bastante glotona, el domingo haces una jornada de recreo. Ese día es el día del café, de los pasteles, del vino, de todo aquello que quieras, incluso aunque al día siguiente te pongas enferma, no pasa nada. Pero los otros días come lo más crudo posible. Y el día en que tengas fiebre, me vuelves a ver. Telefonéame primero durante la fiebre, y te diré lo que hay que hacer»

Mientras tanto me olvidé de esta persona. Un año más tarde, me llamó y me dijo: «¿Qué hago? Desde ayer tengo 38/39 de fiebre, tengo dolor de garganta, tengo los ganglios inflamados». Le dije: «Es una buena señal, es señal de que tu vitalidad ha aumentado como consecuencia de la mejora alimentaria, y que has empezado a hacer una fiebre de eliminación. Le dije de mantenerse con puerros hasta que se acabara. Como no sabía ayunar, le dije que comprara puerros, y que los cociera bien, para que no quedara ninguna vitamina en ellos, y que comiera tantos puerros como fuera necesario hasta que el proceso terminara. Y partir de que no tuviera más fiebre, podría volver a comer».

Hizo aquello que le dije, estaba motivada, por fuerza, y empezó a comer sus puerros. Al final acabó harta, seguro, ya que duró 7 días. Durante estos 7 días no comió más que puerros. La fiebre duró 7 días exactamente, con la garganta inflamada. Tuvo que aguantar todo esto, pero al cabo de 7 días había perdido 10 Kilos. Le dije de volver a su alimentación cruda, y de mantener sus libertades el domingo. Me contó que la alimentación de los domingos era cada vez menos importante. Tenía menos necesidades, menos obstrucciones, menos restos, y en ese momento se pudo hacer un tratamiento. Tuvo una pequeña angina que duró 3 días, pero bastante violenta, con dolores de cabeza, porque a medida que su vitalidad aumentaba, a medida que más ascendía hacia la cima, entonces más violento se hace el proceso. Es más doloroso, pero es más corto. Es igual en la vida: si vivís un suceso violento, es porque habéis aumentado vuestra consciencia, y la cronicidad de las memorias se empieza a limpiar. Pero se puede evitar si la limpiamos un poco antes.

Entonces esta persona se puso a adelgazar de 5 a 7 o 8 Kilos cada mes. Después de cada angina, descendía un nivel y adelgazaba. Al cabo de un año, alcanzó su peso normal, y podía incluso tomarse algunas libertades sin recuperar peso. Pero era joven; no tenía 50 o 60 años. En ese caso habrían hecho falta 3 o 4 años. Hay pocas personas que tiene la perseverancia de hacer esto tanto tiempo, es desmoralizante, es muy duro. Tenia apenas 30 años; cuanto más joven se es, más rápido se cura, pero más violenta es la crisis. Y es aquí donde hay que encontrar a un buen naturópata que sepa gestionar la crisis.

He hecho muchas experiencias sobre mi cuerpo físico. He hecho ayunos de 3 semanas trabajando duro, sin beber. He probado lo que he aprendido sobre mi cuerpo como en un laboratorio, en los años en que todavía era lo bastante joven como para hacerlo sin demasiadas complicaciones. Actualmente no lo haría.

Pregunta: ¿Has podido vivir durante 3 semanas sin beber?

Sí, es fácil. Es más duro que bebiendo, pero el hecho de no beber desintoxica mucho más el cuerpo, porque deshidratas tu sangre, y haciendo esto aceleras la linfa, hay 10 litros en el cuerpo. Esta linfa circula solamente a una velocidad de 1 litro cada 24 horas, en las personas que se mueven. Pero en las personas sedentarias como yo, no circula ni a 1/3 de litro. Esta linfa está cargada de ir a buscar los líquidos extracelulares —que son las alcantarillas de los líquidos intracelulares quienes han rechazado el gas carbónico, el ácido úrico, etc., para que sean llevados a la sangre venosa, quien a su vez va a ir purificarse a los pulmones, el hígado, la vejiga... Pero si bebéis todo el rato, el líquido sanguíneo, que es aproximadamente 5 litros, se mantiene siempre a 5 litros, y la linfa no puede entonces llevarse sus residuos. Es por lo ello que las mujeres esponjosas tienen tendencia a engordar si beben mucha agua, se inflan.

Sin embargo nos dicen que hay que beber al menos 1,5 litros de agua diarios.

Sí, ese era el eslogan, justo en el momento en que había problemas de venta de agua mineral, en el año 76, como por casualidad.

En macrobiótica se bebe mucho menos. El macrobiótico es más bien seco, mientras que el vegetariano se va a hinchar.

Sí, es verdad que en la macrobiótica hay también cosas formidables.

Eso que has dicho me ha llamado la atención, porque he leído el libro de Jasmuheen «Vivre de Lumiére» («Vivir de la luz»), y me dije a mí mismo que vivir sin comer, no me molestaría, incluso vivir sin beber, ¿es esto posible? El cuerpo está constituido de un 80% de agua, entonces ¿cómo podemos vivir sin agua?

Vivir sin beber totalmente, tampoco lo creo. Hace falta un mínimo de agua... No hay que olvidar que Jasmuheen vive en Australia, en un clima cálido todos los días, está espiritualmente preparada, se ha ejercitado desde su infancia, tiene una piscina. Por cierto, si hacéis un ayuno seco, sabed que tomando un baño asimiláis cerca de tüitro de agua a través de los poros. Es por eso que cuando se hace un verdadero ayuno seco de purificación, no se toman ni baños ni duchas, durante los 3 o 4 días que se hace, sino no sirve de nada. Además, Jasmuheen medita durante varias horas al día, por lo tanto ella se alimenta en ese plano. Pero estar sin beber completamente, no creo que sea posible.

Sabéis, aun hay muchas cosas que se nos escapan. Yo considero que estoy en la prehistoria de cualquier cosa. Estamos en el sílex. En cualquier caso, estoy en el sílex de algo que no comprendo. En mi investigación con los pequeños aparatos del agua, yo soy el camarero: yo sirvo la bebida, eso es todo. Explico como me llegó todo esto, pero no puedo verdaderamente explicar científicamente todas estas cosas, no soy capaz de comprenderlas. He aplicado sobre mí este sistema de desintoxicación y lo he hecho aplicar a miles de personas y ha funcionado bien, incluso en casos incurables en los que el karma no intervenía. Por lo tanto si ahora lo conocéis, está bien que sea así. De esta manera, en la próxima pequeña crisis, angina o similar, os pondréis a dieta de puerros durante 2 días, bebéis agua diamante, tomáis Echinacea si queréis, Árnica o cosas que os ayuden, y dejáis hacer a vuestro cuerpo.

¿Sabéis lo que es un átomo? Hay un núcleo, y hay satélites que giran alrededor del núcleo, y entre ellos hay vacío. Ese vacío, podríamos decir que es Dios. Es la presencia de lo divino lo que está ahí. Si tomáramos un edificio de 30 pisos (lo que os cuento ahora no sé si es cierto, lo he leído en una revista) y pegáramos todas las partículas una al lado de la otra de manera que no quedara vacío entre ellas, tendría el tamaño de un hueso de melocotón, que pesaría los mismos millones de toneladas porque habría la misma cantidad de materia. Esto quiere decir que todo está constituido de vacío. Entonces si nuestro cuerpo está constituido en un 95% o 98% de vacío, es el vacío el que es inteligente. Por tanto, si escuchamos este vacío que es pleno, automáticamente vamos a mejor.

Esto mismo es lo que yo intento comprender. Mi cuerpo genera granos, o una crisis de reumatismo, y yo le escucho, le dejo hacer y no le añado nada. Es como si tuvierais obreros cansados, y que les dierais una carga suplementaria de digestión para hacer. Además, a los obreros, es bueno dejarles reposar un día a la semana, como nosotros cuando nos tomamos el domingo. Hay muchas tribus en África, que ayunan un día por semana, porque saben que es importante. Cuando pensáis que alguien come una pasta por la mañana para desayunar, 2 o 3 tostadas a las 8h con un poco de mantequilla, al mediodía aun no se ha digerido, y en medio aun ha comido una galletita a eso de las 11h. Al mediodía vuelve a empezar con cereales y con carne. A las 5h tiene un pequeño hueco porque su estómago está vacío, lo cual es una falsa hambre, es una falta, una necesidad, como tenemos falta de tabaco o de azúcar, y automáticamente va a añadirle algo: el hígado y el páncreas vuelven a recibir. Y por la noche, una gran cena, lo que hace que va a estar digiriendo hasta medianoche o la una de la madrugada, y el sistema digestivo reposa quizás 5 horas por día, lo cual es muy poco.

Por lo tanto y según la vitalidad del individuo, hay un buen día en que se rompe. Antes de que se rompa verdaderamente, hace intentos, con anginas y otras cosas. Y cuando decimos que hay una epidemia, es una tentativa global de eliminación y de purificación de los seres humanos en relación con los astros. Conozco muy poco de astrología, pero por ejemplo la tuberculosis llegó cuando había un planeta que estimulaba al sistema solar con sus rayos. Su alejamiento produjo una disminución de los casos de tuberculosis. Son sistemas de purificación cósmica normales, ya que los planetas son en sí mismos átomos de un cuerpo aun más grande.

Pregunta: ¿En qué categoría podríamos ubicar las enfermedades auto-inmunes?

Es cuando la persona ha perdido la capacidad de limpiar su cuerpo. Hay una gran debilidad ahí, y no dispone de la fuerza suficiente. En un caso como ese, he visto que el agua diamante ha ayudado mucho a retomar la fuerza en ese nivel. Es todo lo que puedo decir, no sé más.

Pregunta en relación con las semillas germinadas.

Las semillas germinadas, es un cereal que ha crecido. Es verdad que cuando una verdura crece, hay como un crecimiento de hormonas y de vitalidad en el interior del pequeño germen, y por lo tanto es muy rico en hormona vegetal. Pero en ese momento, el germen es una verdura, ya no es un cereal. Puedes tomarlo tal y como tu quieras, no hay verdaderamente reglas.

Los Esquemas

Vamos a hablar ahora de los esquemas. Hay esquemas psicológicos que son alimentados, por ejemplo, por aquellos que tienen mucho ácido y cristales en la sangre, y que tendrán tendencia a ser más bien rígidos y agresivos, o coléricos, o incluso violentos, según la intensidad. Incluso aquellas personas que comen de una manera muy sana, pero que tienen memorias de rigidez en ellas, se van a esclerosizar, petrificar, se van a volver artríticas, o artrósicas; se van a secar. ¿Por qué? Porque los esquemas del bien y del mal, de la rigidez, producen este tipo de acidez en la sangre.

Por el contrario, las personas que se encuentran en una psicología más bien linfática, más 'agua', del tipo perezoso, con tendencia a dar todas sus responsabilidades a los demás, a dejarse ir, se van a sobrecargar de toxinas coloidales. Por tanto veis como los esquemas de pensamiento producen también toxinas, tanto más en aquellas personas que hacen un arranque energético en este momento: podéis tener a veces síntomas de dolores que están relacionados con tomas de consciencia que estáis haciendo o que tenéis que hacer. Por ejemplo, una vez conocí a una señora de 70 años, a la cual su madre, que tenía 90 años, tnbía siempre rebajado y menospreciado. Y un día acusó a su hija de haberle robado 1 millón de francos belgas (165.000 FF) que tenía en un sobre, en efectivo. Esta señora me dijo un día: «No puedo perdonar a mi madre, no lo puedo hacer». Y yo le dije: «No pasa nada si no puedes hacerlo, acepta que ella representa una parte de ti, que tú la has elegido encarnándote, acepta, acoge, agradece. En el momento en el que este trabajo mental esté hecho, esto va a descender al nivel de la acogida, y habrá en este nivel una transformación en ti, aquello que tú ves de ti misma en ella, y en ese momento vas a empezar a borrar y a desprogramar esas memorias».

Esta señora puso en el agua la intención de llegar a acoger y a amar a esta madre que había sido siempre muy dura con ella, y al cabo de 2 o 3 semanas me telefoneó para decirme: «Es formidable, ahora lo comprendo, ella es un maestro para mí, la amo, me ha prestado un servicio perfecto». Y a la mañana siguiente, me volvió a llamar para decirme que tenía su vagina ensanchada como si fuera a dar a luz a un niño, con una lívido sexual increíble, con 70 años... Me dijo: «Hace 20 años que esto no me pasaba». Esto duró 7 días.

Por tanto veis aquí una manifestación en lo físico —sobretodo con las mujeres, nosotros los hombres somos más inertes a ese nivel. Pero las mujeres pueden tener todos los síntomas del embarazo en el momento en el que van a sanar un esquema con su madre. E incluso el test de la farmacia puede ser positivo, yo lo he visto. Al final, no hubo embarazo, pe ro la persona había sanado un esquema con su madre y hubo una manifestación en el físico y un test de embarazo positivo. Veis como todos estos esquemas juegan en el nivel del cuerpo físico. Cuanto más femenina sea la mujer más reacciones habrá en el físico; cuanto más masculina sea, menos habrá.

Lo que hay que comprender de los esquemas, es que hay una ley, que yo he podido comprobar — y que vosotros comprobareis en vuestra vida, para ver si es verdad — *una ley que hace que expresemos siempre lo contrario de aquello que hay en nosotros*. Ahora os voy a contar acerca de un esquema que es un poco como una caricatura, porque ponerlo en práctica y discernir todo esto en la vida cotidiana no es tan evidente. Si en un ser humano se expresa lo más, o sea, el lado positivo, lo que está impreso en el subconsciente es el lado negativo. Aquí no estamos ya hablando del bien y del mal, ya que el más y el menos son los dos hilos de la bombilla que son contiguos y que permiten a la luz pasar por ellos para alumbrar. Si eliminamos uno de los dos hilos, no hay más luz. Es por eso que incluso en la enfermedad, si la atacamos, impedimos la curación; si perseguimos a los ladrones, impedimos la curación; si perseguimos la droga, la alimentamos; si intervenimos en un conflicto, del tipo de Yugoslavia, lo alimentamos, porque impedimos la armonía, impedimos la copulación, la fusión entre el más y el menos. Es una copula a tres, no a dos, ese es el problema. En electricidad, si tocamos los hilos más y menos, el contador salta: es la guerra, es el conflicto, es la disputa. Si les hacemos acercarse y que se miren, en Dios, creamos el tres, entonces la luz pasa y hay curación. En ese momento el bien y el mal, el más y el menos, se convierten en los motores del funambulista sobre el hilo del equilibrio. Pero si se inclina hacia la izquierda hacia el mal, o hacia la derecha hacia el bien, el sistema se rompe y el funambulista cae.

Hay una frase en los *Diálogos con el Ángel* que he hecho mía, y que dice: «*Aquello que ha destruido el mundo, es el querer hacer bien*». Era necesario que pasáramos por ello, pero ahora estamos aprendiendo a salir de ahí, a dejarlo ir.

Así, los seres humanos expresan a menudo el contrario de lo que hay en su subconsciente. Vamos a tomar unos ejemplos muy exagerados. Por ejemplo, alguien que expresa la generosidad, que siempre está dispuesto a llevar tu maleta, a dar dinero cuando os hace falta, siempre listo para preguntar: «¿Qué tal? ¿Todo bien? Voy a cuidarte y a ocuparme de ti...» Os aseguro que hay esquemas totalmente contrarios a la generosidad en sus memorias celulares. Sí, es duro de admitir. Pero una persona que ha reunificado esas dos expresiones contrarias no se comporta de esa manera. Ella espera la solicitud, ya que si no, la ayuda puede ser una atrofia para el otro. Es el maestro nadador que siempre lanza su flotador. Se produce una toma de poder y incluso un bombeo. A menudo este tipo de personas bombean la energía del otro, porque quieren en alguna parte que los otras tengan una veneración, una imagen que quieren dar de ellas mismas y que les adula. Pero una imagen es una mentira que fabricamos, una mentira publicitaria para hacerse bien vistos por los otros.

Si el otro no se atreve a pedir, quiere decir que nos está mostrando que hay en nosotros un cierto orgullo. Entonces trabajamos sobre nosotros mismos. Parto del principio de que un vehículo humano, un ser humano, es como un proyector de cine, que dentro de ese proyector hay memorias, que hay una bobina de película que gira, y que ese proyector psicoafectivo proyecta su película sobre la pantalla del entorno. Entonces, lo que hemos hecho siempre, es intentar golpear con el puño la pantalla, porque uno de los actores tiene una cara fea. Intentamos demolerlo, o vamos a los tribunales, nos defendemos, o decimos que no es cierto, que es falso, etc. Como es duro y cansado, algunas veces cambiamos de cine. Pero, ¡oh! qué mala suerte, volvemos a caer en la misma película pero con otros actores. Muchas veces es así. No tenéis más que comprobar el número de mujeres que dejan a un marido borracho y violento, para volver a caer locamente enamoradas del mismo tipo de hombre.

A veces es un poco engañoso, ya que podemos enamorarnos de una persona que expresa justamente lo contrario. Pero si ella expresa lo contrario, quiere decir que tiene también el otro lado; tiene los dos, porque no podemos tener el uno sin el otro. El súper generoso tiene al tacaño en él, en su otro lado. He visto a personas extremadamente tacañas, que no eran capaces de comprar un kilo de manzanas si valía una moneda de más, que llegado el momento se alquilaban un yate para ir a Saint Tropez, porque en ese caso, la veleta había girado. La veleta gira según las situaciones que favorecen el mantenimiento y preservación del ego.

Lo importante es reconocer que tenemos todo esto en nosotros. Hoy, he comido en un restaurante con unos amigos, que me han contado cosas que me van a hacer crecer, porque ellos son partes de mí, es *mí* película. Por lo tanto, esta noche, mañana, pasado mañana, voy a empezar a reflexionar sobre todo esto, a sentir y a comprender lo que hay en mí que ellos me han mostrado, que voy a poder mejorar gracias a ellos. Y para esto ellos son guiados por Dios. Pero aquel que va a venir a pegarme, o a robarme la cartera, él también es guiado por Dios, por la vida que hay en él, es instintivo. De la misma manera los ladrones, en las ciudades, no roban a cualquiera, ellos tienen un 'feeling' para saber a quien robar. Lo mismo ocurre en todas partes.

¿Entonces, cómo funciona todo esto? Cuando empecé a hacer este trabajo, a partir de 1986, fui creciendo progresivamente en el discernimiento. Pero fue largo. Cuando tomaba consciencia de un esquema en mí, y cuando lo había aceptado, hacía falta entonces tiempo para acogerlo, y a veces entre la cabeza y el corazón no hay más que unos centímetros, pero puede necesitar de un año. Una vez el esquema es acogido, hace falta tiempo para que todo esto se integre a nivel celular y que los resultados sean manifestados al exterior, a veces hacía falta esperar aun seis meses o un año. Ahora, con el agua diamante y la aceleración vibratoria que hay sobre el planeta, todo va mucho más rápidos. No todo el mundo hace este trabajo, no es para la masa, pero incluso si hay un uno por ciento que lo hacen, esto ayuda a todo el mundo, porque os aseguro que la potencia de la desprogramación celular es increíble, incluso en caso de adversidades. Podéis tener unos granujas con puñales enfrente vuestro, si veis a Dios en ellos porque habéis decodificado esa memoria, ellos bajarán sus armas, os darán la mano y se irán. Esto que es cuento ahora yo lo he vivido, sin reaccionar. Hay que dejarlo ir todo, dejarlo ir, el miedo de morir...

¿Cómo ver a Dios en el otro? Es una palabra, Dios, es el Principio de vida. Esto se hace a medida que vamos levantando las capas que hay en nosotros. En mí mismo, a día de hoy, yo he visto unos 1200 esquemas, los cuales no están todos transformados, y seguro, es un trabajo que se ha hecho a lo largo de 8 o 10 años. No vale la pena que se vuelva un método, una cosa rígida, dura, austera. Esto tiene que ser un juego, y a medida que vais comprendiendo esas cosas en vosotros, vuestro amor crece para todo el mundo. Cada vez habrá más compasión y más no-reacción. Porque para mí, *la reacción es la repercusión de un acontecimiento sobre una parte desecada del ego, que no la puede integrar.* Por ejemplo, si lanzo una pelota contra un muro, ésta me vuelve. ¿Por qué me vuelve? Porque el muro es de la misma frecuencia que la pelota, no la puede integrar. Como no la puede integrar, hay una falta de amor, y por tanto me devuelve la pelota. Entonces proyectamos, y decimos: «Es a causa de él que he perdido a mi novia», o «es por su culpa que he perdido mi empleo» o «él me ha insultado». Hablamos siempre de *tú* o de *él* pero jamás de uno mismo. Es un reflejo que no es fácil de atrapar, puesto que tenemos nuestro pequeño orgullo en el interior que no está muy contento de todo esto.

Hay una frase de El Morya que me gusta mucho, y que coloqué delante de mi cama durante un tiempo, para asegurarme de que me entraba, porque de manera natural no me entraba, mi corazón no estaba abierto: «*¿Qué es aquello que yo no amo de mí mismo en el otro? ¿Cuál es la parte de mí que no me satisface en absoluto en aquello que el otro está expresando?*» Y a partir de ahí, se empieza a abrir el corazón y a comprender que todos los comportamientos de nuestro entorno, o incluso una situación o un suceso, tal como un accidente de coche que nos rompe una pierna, o

una casa que se quema o cosas de ese tipo, todos estos sucesos se convierten entonces en regalos, al igual que la enfermedad. (*El Morya par Leila Cheilabi* — Edition
CLEDAM).

Observad a un niño pequeño, que aun no está programado por la escuela, ni por
el sistema de conducta moral y social que, por el momento, es aun necesario tener
en nuestro sistema. El niño reacciona. Tiene ganas de encolerizarse: saca su cólera,
y dos minutos después viene y te da un beso, está olvidado. Si le imponemos una
conducta moral: «No, no te puedes enfadar delante de la tía Tatín, porque estamos
esperando su herencia, y nunca se sabe», entonces este niño va a enfermar su reacción; y en ese momento va a empezar a crear un tumor emocional, y ese tumor
más tarde va a influenciar sus comportamientos, sus elecciones de pareja sentimental, será quizás una persona vacilante, dubitativa... Todos hemos vivido esto,
sobretodo las generaciones más mayores: teníamos necesidad de tener una moral,
y una conducta dentro del bien y del mal. *Pero ahora nos alejamos de esta consciencia
del bien y del malpara ir hacia la consciencia del Árbol de la Vida.*

En la consciencia del Árbol de la Vida, aprendemos a gestionar estas reacciones.
Si no las podemos controlar, si no podemos aceptarlas y acogerlas, entonces reacc-
ionamos, entramos en cólera, intentando no proyectar esta cólera hacia el otro. Tras
la crisis de reacción, es conveniente traer a la consciencia aquella parte de nosotros
que ha reaccionado, con el fin de no volver a reactivar más la misma situación.

Os voy a dar el ejemplo de mi padre, porque hablar de uno mismo es a menudo
lo más justo. Mi padre es un hombre muy fino en sus percepciones, podía sentir
las energías, pero era duro a nivel de la cabeza. No he visto jamás un lágrima en
sus ojos, era verdaderamente estoico. Pero en el fondo, es el niño, el niño trauma-
tizado. Estuvo prisionero en un campo de concentración. Perdió a su madre a los
10 años — ya veis el tipo de infancia que tuvo, con un padre negligente y dos hermanos mayores a los que les limpiaba los calzoncillos. Al tiempo que iba a la escuela, se encargaba de planchar y de limpiar. Muchos de entre esa generación han
conocido ese tipo de situación, con las guerras. Es un hombre que a medida que yo
iba progresando en mi evolución, en mi decodificación interna, él al mismo tiempo
leía libros del tipo los *Diálogos con el Ángel*. Él estaba por tanto abierto a todo esto,
aun y sabiendo que no podía transformarse porque era muy mayor, él se decía a
sí mismo, será en otra vida. En el mes de marzo de 1993, entró brutalmente en
coma, durante 3 semanas. En ese estado vivió viajes astrales, fue a las estrellas, me
vino a ver allí donde yo estaba. Cuando retomó la consciencia, estuvo 4 meses en
el hospital, y a su vuelta había perdido todo su estoicismo, era mucho más infantil, mucho más natural, mucho más emocional, todo aquello que había rechazado

expresar a causa de su educación. Pero para esto hizo falta que se rompiera, pues era verdaderamente de cemento.

Estos son los regalos. A veces tenemos un accidente de coche que nos va a agitar, incluso aunque no estemos heridos... bien, es para romper algo. Un día tuve un encuentro con un cortacésped en marcha, sobre mi pie izquierdo, que cortó la mitad del dedo gordo del pie, y eso cambió las energías de mis 3 primeros chacras, porque yo no era capaz de cambiarlas por mí mismo, incluso aunque lo había entendido y aceptado. Pero en aquella época no disponíamos aun del agua diamante. Y el objetivo del agua diamante es el de transformar las energías directamente en la carne, para que a continuación se transformen en los niveles etérico, astral, mental y causal. Mientras que con las técnicas del tipo kinesio, reiki, etc., se hace el trabajo inverso, el cual también está bien. A veces hacer los dos tipos de trabajo es formidable. Pero es cuando hay la transformación a nivel de la carne que viene la prueba de la iniciación y del sufrimiento. Todos los iniciados que han vivido pruebas muy duras de ascetismo, lo han hecho para cambiar la carne.

Pero si cambiamos la carne directamente, un poquito, no toda, incluso con el agua diamante, estamos obligados a recibir un golpe por lo menos, cuando tenemos esquemas muy antiguos, porque están muy fosilizados, pero reducimos la prueba. Esto yo lo tengo visto, desde hace ahora 15 años que el agua diamante existe, sufro mucho menos que antes en mis transformaciones interiores.

Vamos a tomar un ejemplo de relación, y si tenéis preguntas, no dudéis en preguntarme, ya que sois vosotros con vuestras preguntas los que alimentáis lo que sale de mi boca. Vamos a decir que una señorita tuvo un padre dictador, y una madre sumisa. Por cierto que esto era un caso frecuente, ahora menos, por suerte. Esta jovencita, a la edad de 7 meses, ya tiene casi todos los esquemas. Hay que saber que incluso algo que no ha sido expresado por uno de los padres se encuentra también en el subconsciente del niño. Ejemplo: un día una señora me viene a ver, hace 7 o 8 años, y me dice «Mira, tengo un problema. He vivido con un hombre que tenía 20 años más que yo. Era amable, nos entendíamos bien, pero al cabo de 2 o 3 años, no le podía soportar sexualmente. En el momento en que me tocaba me entraban nauseas, hasta el punto de tener que dormir en camas separadas. Aunque le amaba, era amable, pero no podía más, era epidérmico. Entonces, al cabo de 2 años, viendo que esto no se curaba, acabamos por separarnos. Me volví a enamorar de otro hombre 20 años más mayor que yo, y la misma situación se reprodujo al cabo de 2 años.»

Y entonces le dije: «tu padre abusó de ti cuando era pequeña». Y ella me dijo: «No, eso no es posible, mi padre es un buen católico, súper moral, no me ha tocado nunca, te lo garantizo.» Le dije: «Entonces, ha tenido ganas de hacerlo». Ella no se lo acababa de creer, veía que tenía dudas, y le dije: «Si quieres, estírate, y voy a estar media hora con mis manos encima de ti. De esta manera voy a acelerar el proceso y en 7 días, ya lo verás, algo pasará que te va a confirmar o a desmentir esto». Como por azar, al séptimo día, pasó a saludar a sus padres, los cuales ya eran muy viejos en esa época. Y cuando se iba a marchar, su padre la acompañó al vestíbulo, la apretó contra la pared, y la besó en la boca. Y le dijo: «Querida mía, perdóname, ha sido más fuerte que yo, no he podido impedirlo, sobretodo no le digas nada a mama». Ahí ella me telefoneó y me dijo: «Tenías razón, a partir de que me convertí en una jovencita, a los 16 o 17 años, él ha tenido fantasías conmigo, siendo demasiado mojigato como para pasar a la acción física». Mejor, pero sólo los pensamientos de deseo, emocionales, e incluso de masturbación fantasiosa que pudo proyectar sobre la imagen de su hija están anclados en el aura de su hija, y automáticamente ella atraía a los hombres más mayores que ella, que son padres. Pero al cabo de un momento, cuando el esquema de deseo del padre (que ella tenía en su interior, sino su padre no podría haber fantaseado sobre ella, por tanto ella lo ha atraído) se satura, la veleta gira y hay rebelión contra el viejo vicioso libidinoso. De ahí el rechazo epidérmico. Ella entendió esto. Pero si no lo hubiera entendido, habría atraído todo el tiempo este tipo de hombres, quizás hasta los 45 o 50 años, y a continuación habría atraído a jovencitos para expresar su esquema libidinoso hacia los hombres jóvenes. No tiene fin: es el regador regado. Y habría atraído más tarde a un jovencito que habría, por su parte, sido objeto de fantasías por parte de su propia madre.

¿Cómo parar ese mecanismo infernal? Aceptando, como ella, que era cierto, después de haber sido convencida interiormente, y sobretodo no juzgando a su padre. Pero si hubiera pasado a la acción, habría tenido muchos más problemas para no juzgarle. Es esto, el perdón. El verdadero perdón es ser capaz de no tener ningún resentimiento más, de salir del bien y del mal. El verdadero perdón es cuando la hija, que ha sido maltratada o violada, es capaz de decir: «Afortunadamente mi padre me mostró esto, sino, en la amnesia de la encarnación, jamás habría sabido que tenía dentro de mí un hombre violador que amaba a las jovencitas, que era pedófilo, o otras cosas. Estas dos partes del violador y el violado en mí, las entiendo, las acepto, porque él me las ha mostrado, y es un regalo del cielo». A partir de aquí, el hombre que ha reaccionado de esta manera se vuelve un profeta de aquello que uno tiene dentro de sí mismo. Entonces el corazón se abre y la transformación celular empieza. Aquí interviene la desprogramación con la ayuda del agua diamante la cual acelera el proceso, donde ya una gruesa capa se puede borrar alrededor de

7 semanas más tarde. Mientras que normalmente, si lo hacéis sin agua diamante, también se hace pero hace falta mucho más tiempo, según la edad de la persona, la cantidad de esquemas y su antigüedad.

Veis el tipo de cosas que nos podemos encontrar. Os voy a dar otro ejemplo: una pareja compran una casa a unas personas que hacían ya un cierto camino espiritual, y cuando llegan a la casa, se dan cuenta al cabo de algunos días que habían sido estafados. La casa tenía desperfectos de forma importantes. Como la ley lo autoriza, hicieron anular la venta, volvieron a su antigua casa, y lógicamente los vendedores debían retomar su casa y reembolsarles. Pero es aquí donde apareció el problema: no les reembolsaron. Hicieron maniobras jurídicas y demás, incluso magia negra parece ser, lo que hizo que al cabo de 5 años la pareja aun esperaba el dinero; iban al tribunal sin descanso pero la cosa no funcionaba, la situación no evolucionaba. Hacíamos un taller como este que hacemos hoy aquí, y ellos explicaron esta historia delante de todas las personas presentes. Y yo pregunté al marido: «¿Qué es lo que ves en esa pareja?» Y me dijo: «Yo veo ladrones, mentirosos, timadores, estafadores...» Nos citó todo el inventario, todo lo negativo. Después pregunté a su mujer: «¿Y tú, que ves ahí dentro?» Ella dijo: «Yo, sobretodo lo que veo es la magia negra que hacen para influenciar al juez, retrasar el caso, y no devolvernos nuestro dinero». Entonces les dije: «Todo esto que habéis visto en esos seres, son partes de vosotros. Imaginad que os morís ahora, aquí: crisis cardiaca, estáis los dos muertos, y comparáis vuestra hoja de ruta con aquello que os habéis encontrado. Pensad en los pesares que vais a tener y decir: «Hace 5 años que estas personas nos muestran que tenemos esas memorias en nosotros, y que no las hemos sanado en esta vida, vamos a tener que comenzar otra vez». Sí, vamos a tener que reencarnar para comprender, aceptar y sanar esto, por el crisol de la encarnación, porque un alma que está entre dos encarnaciones no puede sanar nada. Está de vacaciones, como entre dos años escolares, y ahí no transforma nada. Reposa, prepara otra cosa, pero no avanza. Excepto aquellas que están realizadas, claro.

He aquí la explicación de lo que pasó. Esto les hizo reflexionar y se dijeron que en efecto, estas personas les mostraban algo. La misma tarde, un 'clic' ocurrió en sus corazones, es decir, que fueron capaces de ir hasta la acogida, quizás porque había la energía del grupo, que era fuerte. Reconocieron tener en ellos todas esas energías de estafa, de magia negra; las aceptaron, y eligieron amar a esos seres que habían sido tan perfectos para mostrarles todo ello. El lunes por la mañana me llamó antes de que tomara el tren para decirme: «¿Sabes que pasa? Mi abogado me llamó ayer —en domingo— para decirme que la parte contraria iba a pedir un préstamo al banco para reembolsarme». Voilá. Es raro que esto se desbloquee en un solo día.

Y cuantas veces oigo a personas que me dicen: «Mi jefe en la oficina me persigue desde hace 4 años, he tenido depresiones nerviosas, he comprendido que era una parte de mi misma; he entrado en desprogramación, y en dos meses se volvió una persona formidable». A menudo en una posición profesional, si la persona debe ir más lejos, se cambia de oficina, para tener otro perseguidor que le va a mostrar aun otras cosas. Un enmierdador divino. Os aseguro que es mágico. Es la llave. En todos los problemas de vuestra vida, es la llave. Pero os corresponde a vosotros meter la llave en la cerradura. Yo a menudo, no llego a hacerla girar. El agua diamante pone un poquito de aceite en el interior. También hay que encontrar la cerradura adecuada; cada esquema tiene su cerradura. Lo que es difícil en los esquemas es ponerles un nombre, y poner la intención de clarificarlos, no es evidente. A veces hacen falta semanas antes de comprender algo. Pero cuando se ha comprendido, lo escribís en vuestra agenda, lo acogéis y lo metéis en descodificación.

Cuando es muy profundo y fosilizado, un choque emocional permite, como un reflejo de acupuntura, traspasar el absceso. Pero si entendéis esta memoria antes, y la aceptáis, la acogéis, la desprogramáis, entonces no tenéis necesidad de choque.

Preguntas y Respuestas

Pregunta: ¿Cómo vemos que se ha desprogramado?

Lo veis en el entorno. Un día, hace 3 o 4 años, un hombre me vino a ver y me dijo: «Ten cuidado, hay cerca de una decena de personas que quieren presentar querellas contra ti, y vista tu posición, vista la guerra contra las pretendidas sectas, estás en gran riesgo, porque te tienen verdaderas ganas». Le di las gracias y la tarde misma — aun no había agua diamante — pedí a mi guía: «Muéstrame aquello que esta amenaza que viene hacia mí me está mostrando». Y por la noche tuve un sueño. Me mostraron una tabla, y alrededor de la tabla había antiguos pacientes que había atendido, también había un comisario de policía, en breve, todas las personas estaban representando respectivamente un esquema en mí. Por tanto, esquemas de víctima, esquemas de policía que controla, esquemas de personas que quieren vengarse, etc. Entonces comprendí que atraía esta amenaza porque tenía todo esto en mí. Desprogramé todo esto con un producto que hice antes del agua diamante, menos eficaz, pero que funcionaba ya bastante bien. Seis semanas más tarde volví a ver a este amigo que me dijo: «Sabes, ya no tienes nada que temer, lo han dejado ir, no pueden hacer nada».

Lo que yo he comprendido es que nuestras memorias subconscientes alimentan aquello que nos va a golpear. Si no lo alimentan más, dejan caer el palo. Es la historia de la viga y de la paja, de Jesús, que decía que si ves una pajita en el ojo de tu prójimo, es que tienes una viga en el tuyo. ¿Os habéis dado cuenta de que una viga y una pajita, es cilíndrico? Es exactamente la misma forma, por tanto aquello que vemos en el otro que nos duele — o incluso que no nos hace daño — es lo que tenemos en nosotros mismos, a menudo más grande, o más pequeño, o no expresado. Y ahí nos arriesgamos a ser sorprendidos, ya que nos van a mostrar cosas que no habríais imaginado nunca.

Volvamos a esa mujer que tenía un padre dictador y una madre sumisa. Si esa persona, según la evolución de su alma, su nivel, aquello que tiene que vivir, su hoja de ruta, ha sufrido la dictadura que su padre ejercía sobre su madre y sobre ella misma, ella va a retirar todo esto hacia su subconsciente. Y cuando tenga 16 o 17 años se va a enamorar locamente de un muchacho femenino, que va a expresar su lado sumiso, y que por tanto tendrá la dominación en su subconsciente.

Este muchacho será tierno, femenino, y le dirá cada día « está bien cariño, tienes razón,...». Esto funciona durante un tiempo, porque la alivia de aquello que vivió anteriormente, pero al cabo de cierto tiempo, ella va a sacar las energías del padre dictador y se volverá la mujer dictatorial, y el muchacho se va a encontrar delante de su madre. Cuando los primeros tiempos de euforia sexo-emocional se hayan saturado, los esquemas saldrán sobre la mesa, y es en ese punto en el que hay que trabajar la relación. El verdadero amor puede entonces empezar a nacer, si se trabaja y se construye. Cuanto más crece este amor, menos hay de atracción, y por tanto menos repulsión. Puesto que las atracciones no son amor, pero hay que vivirlas también. Es ahí que desprogramando estas memorias empezáis a llegar al amor del corazón y a levantar los velos que hay en las relaciones, y esto es valido también en una relación jerárquica en el trabajo o fuera de él. Esto cambia todo el comportamiento del otro.

Por tanto si esta mujer se vuelve una despreocupada y su pareja es sumisa, éste va a sentir miedo de su madre y se va a buscar una ama que será mas joven, que jugará a ser la hija, y ahí va a poder expresar su lado dominante. ¿Entendéis? Su mujer, por su parte, estará harta de un hombre al que hay que cambiarle los pañales, y caerá enamorada de un macho para jugar su papel de sumisa. ¿Veis el circo? Jugamos con este escenario desde hace generaciones y generaciones, y es por ello que no somos libres. Somos como clones programados por estas memorias. ¡Estamos programados como un ordenador! Pero si un alma está lo bastante evolucionada como para preguntarse: «¿Cómo es posible que tu actitud sumisa me haga montar en cólera? ¿Cómo es posible que no asumas tus responsabilidades?» Entonces se dirá: «Aha, tú expresas el contrario de aquello que mi padre hacía. Esto quiere decir que en tu subconsciente tienes las energías del padre dictador. Por tanto, voy a sanar a mi padre dictador en mi interior. Cuando tuve vidas de hombre, manifesté comportamientos dictatoriales y otros de completa sumisión, por tanto hace falta que desprograme los dos». Y a partir del momento en que esta mujer empieza a decodificar, el hombre, que a menudo despierta un poco más tarde, va forzosamente a cambiar su comportamiento, incluso aunque no quiera ni oír hablar de todo esto. Si ella sabe que él tiene una ama de 20 años mientras que él tiene 45, y que él la domina, él abandonará esa relación.

Un día le dije a un hombre casado que sorprendió a su mujer en la cama con otro hombre, y que esto le destrozó psíquicamente. Él no se divorció porque su mujer le suplicó que no lo hiciera. Después de este suceso, los hijos se drogaban, y él tenía grandes problemas de estómago. Entonces le dije: «Si fueras mercader de verduras y tuvieras un cliente que de pronto se va a comprar las lechugas a la tienda de al lado, ¿es que irías a golpearle, a pegarle? Primero vas a mirar si tus ensaladas son frescas, si el precio es razonable, y si tú estas sonriente y contento. ¿Se te ha ocurrido de mirar dentro de ti el por qué tu mujer ha ido a otra parte? Ves a preguntárselo; habíalo con ella; y si la amas de verdad y ella era más feliz allí, deberías estar contento, porque el amor, es que el otro esté contento y feliz». Es fácil de decir con palabras, pero en la práctica se consigue cuando ya no hay este apego debido al polo más y al polo menos, como los amantes más y menos que se atraen y se rechazan, pues eso engancha, hace que las relaciones se enganchen. Y en el matrimonio humano, pasa un poco esto. Pero hay que vivirlo, hay que pasar por ello, es una escuela donde transformamos, transcendemos y comprendemos. Pero sabed que jamás la vida, jamás Dios, ha querido que estéis ligados a un hombre o una mujer toda vuestra vida. Eso, es una historia humana. Pues nunca una sola pareja puede hacer de espejo de todos los esquemas que tenéis en vosotros, y felizmente es así, pues sino os machacaríais, sería demasiado concentrado.

Todo esto parece muy simple sobre el papel, pero os aseguro que a partir del momento en que volváis a vuestra casa dejará de parecer simple. Vamos a intentar ahora poner algunos ejemplos. Estaría bien que hicierais preguntas acerca de situaciones, cosas que os intrigan, e incluso sobre el agua diamante si algunos no han asistido a la conferencia.

Una persona que está aquí, tiene talentos de mediumnidad en su alma, cosas extraordinarias, pero una vez que mete el agua diamante sobre su cuerpo, o que la bebe, tiene cosas que giran alrededor suyo, una luz que viene y que explota. Querría saber como decodificar eso. Hay un miedo, puesto que no controla el fenómeno.

Si esto me pasara a mí, esto es lo que haría. Yo me diría: Estoy seguro de que hay cosas extraordinarias que me ocurren, pero no las controlo, tengo miedo. ¿Por qué este miedo? Pondría una intención en el agua diamante: «¿Por qué tengo yo este miedo de todas estas cosas desconocidas que me ocurren, que son energéticas? ¿De dónde viene ese miedo?» Y me bebería mi vaso de agua. Está bien hacer esto antes de la noche, de esta forma tendrás un sueño que te dirá algo. Es muy probable que muchos de entre nosotros tuviéramos esas capacidades, en tiempos antiguos, más incluso si tenemos en cuenta que no íbamos a la escuela, no éramos instruidos, y por tanto desarrollábamos más nuestro lado intuitivo. Así habían muchos médiums y sanadores, que las iglesias por su parte denominaban paganos. Los paganos eran en su mayor parte personas extraordinarias, puesto que habían desarrollado este talento de intuición, de comunión con la tierra madre, con la naturaleza, las plantas, la luna, el jardín, los elfos, los elementales de la naturaleza, los ángeles, etc. Pero en un cierto período, un gran número de personas fueron llevados a la hoguera, acusados de 'brujos'.

Es suficiente que hayas vivido esto para que en el momento en que esta memoria de mediumnidad vuelve, venga al mismo tiempo el miedo que la acompaña. Miedo de ser traicionado, de ser perseguido, de tener dolor y de sufrir; o bien el miedo de ser la risa de todos — si has vivido esos fenómenos — mientras formabas parte de una familia aristocrática muy formal, donde tú eras la diversión de los invitados, por ejemplo. A lo mejor es algo dentro de esta dirección. Si se lo pides al agua diamante, tendrás la respuesta en un sueño, o incluso a través de tu cartero, o por tu panadero, o a través de tu hijo, o tu compañero, o por tu hermana, que te va a contar una historia, y en esa historia está la llave de tu problema. Es esto lo que es difícil de captar.

Os voy a dar un ejemplo. Hace 3 o 4 meses una mujer me llamó y me pidió: «Joel, ¿puedes explicarme que pasa?» Y me explicó que su gato había saltado sobre un mueble de su despacho, haciendo mover una escalera la cual al caer rompió un busto de piedra que había traído de Grecia. De hecho, ella tenía un busto de mujer y un busto de hombre. Éste último se cayó sobre su pie derecho y se rompió. El lado derecho significa más bien el lado masculino del alma. Por tanto, el busto de hombre fue roto por el gato. El gato en los sueños representa el lado sensual y sexual femenino, incluso en el caso de un hombre. Le pregunté: «¿Tienes un lado sensual/sexual que tiene tendencia a romper a los hombres? ¿Eres un poco del tipo botas y látigo de cuero?» Y ella me respondió: «Es curioso lo que me dices, porque hace algunos meses fuimos a una fiesta de mascaras, en casa de unos amigos, y yo me disfracé de esa manera. Entonces le dije de ponerse a decodificar esas energías, de mujer que martiriza al hombre, que juega con él, del gato que juega con el ratón, y al mismo tiempo meter a decodificar al hombre que se deja hacer como una alfombra y que no se hace querer al lado de la mujer demasiado sexual y sensual. El gato a menudo simboliza esto, incluso en los sueños.

Si una mujer sueña con un gato malvado que le salta a la cara, y si este esquema crece con la edad para convertirse en un leopardo o una pantera, es a menudo una mujer que ha rechazado y que no quiere reconocer en ella el instinto de la mujer salvaje, el cual hay que reconocer absolutamente y amar antes de que la sexualidad se pueda trascender. Hemos sido programados de tal forma para rechazar esto que era considerado como un pecado, que a menudo tenemos este tipo de problema. La mujer que tiene este tipo de sueños, es que tiene este tipo de bloqueo. Por lo demás, ella se siente a menudo horripilada o encolerizada cuando ve a una mujer sexy. Ella reacciona a esto, porque tiene esta mujer sexy dentro de ella en su parte no expresada. Sabed que dentro de las historias del más y del menos, tenemos los extremos opuestos. Es decir que cuanto más una persona expresa algo que es muy caricaturesco, más tiene ella el lado contrario—y cuando esto se da la vuelta, en general es de una forma violenta. Por ejemplo en la historia del hombre sumiso que hemos mencionado, que tiene su dictador detrás, si es muy fuerte, el día en que le pareja se vaya a divorciar, este hombre va a sacar su dictador y hará una guerra sin piedad a su mujer en los tribunales. Es así como todo esto funciona.

Me gustaría también hablar de los *problemas de dinero*, porque yo pasé por ello, y solamente después de muchos años he comprendido el porqué me llegué a encontrar sin una moneda. Comprendí que en muchas vidas anteriores viví vidas aristocráticas, donde yo era el Señor Conde, o la Señora Tal y Cual, y que quizás en esas vidas me centré sobre la imagen social, sobre la fortuna personal, despreciando a los obreros que eran para mí simples lacayos cuya única función era enriquecerme a mí. A partir de este hecho, en esta vida actual, esta memoria de lacayos, de pobres, de personas sometidas a un sistema de esclavitud, se expresa, y yo atraje delante mío un desierto financiero. Incluso alguien que tiene un oficio donde se gana correctamente la vida, si hace un camino de evolución, un buen día esta memoria se expresa, y se encuentra sin nada. Pierde su trabajo, su casa, y se encuentra entonces ante la prueba del despojado, la cual es necesaria, pero si comprendemos antes, o al principio, que la prueba llega, la abortamos; cambiamos la película que se proyecta sobre la pantalla. Y es por eso que os digo, porque sé que a veces no es evidente a nivel financiero en el tipo de vida que llevamos actualmente, si tenéis problemas de dinero, ved en vosotros mismos estas memorias. ¿Cómo podéis saber que se trata verdaderamente de esto? Bien, pues observando alrededor de vosotros a las personas que habéis atraído. Si habéis atraído a personas acomodadas, o quizás no acomodadas en absoluto pero que tienen unas maneras un tanto ceremoniosas, rebuscadas o protocolarias, podéis estar seguros que tenéis este tipo de memorias en vosotros. Por tanto las podéis decodificar diciendo: 'tengo la intención ahora que todas estas energías aristocráticas basadas en la imagen, el esnobismo, etc., se vuelven simples, auténticas, y reconocen también la verdadera soberanía interior, la verdadera nobleza interior, que no es más una nobleza fáctica, basada en el nombre, la imagen y la fortuna. Es interesante de saberlo todo esto.

Respuesta a una pregunta.

Ponemos la intención en el vaso de agua, no en la botella. No hay un método, tiene que ser espontáneo. Tampoco hace falta meter toneladas de intenciones, sino caemos en el método y en la rigidez. En relación al ejemplo citado, la intención quizás de transformar esta memoria o de volverla más crística, más en el amor, más en el compartir o cosas de este tipo. Pero de todas formas, nuestro lenguaje siendo dualista, incluso esta intención es falsa en el límite. No existe una lengua unicista, no existe, por tanto no hay que inquietarse, pues las intenciones no salen de la cabeza, sino del plexo solar en forma de frecuencias luminosas, y esas frecuencias son justas, de cualquier forma, incluso aunque no utilices las palabras correctas, o aunque no esté del todo bien estructurado.

De hecho yo he localizado tres etapas. Primero está la *aceptación*. Esta se hace con la cabeza: acepto que esta persona, o este suceso desgraciado que me llega, es algo que yo he provocado; esta persona es una parte de mí. Esto es mental, pero de momento es una prueba de humildad, es decir, que hemos metido el orgullo en el armario. Sí, de acuerdo, eso que me muestran no es terrible, pero yo lo tengo en mí, es una casette, un video que yo tengo ahí. Yo intento no formular ningún juicio: no está ni bien ni mal. Estoy seguro y tengo la certeza de que todas las atrocidades que vemos en la humanidad en este momento, las tenemos todas al menos en una célula, cada uno de entre nosotros. Si las tuviéramos en los 10 mil millones de células, pasaríamos al acto, como ellos, porque el motor sería demasiado fuerte. Por tanto veis, no podemos juzgar nada; todo es justo y apropiado.

A continuación hay que intentar llegar a *la acogida*. Y esto se hace con el corazón. Pero desgraciadamente, al corazón no le damos órdenes, hace falta que venga solo, por sí mismo. Entonces el pasaje que hay aquí puede necesitar a veces semanas, un mes, dos meses, seis meses, porque ahí hay cóleras, rebeliones, disputas; no llegamos a perdonar. Incluso si sabemos que es verdad que esta persona es una parte de nosotros, nos ha hecho tanto daño durante 25 años que no podemos más. Entonces en este estadio, hay que reconocer simplemente la reacción. El camino de las reacciones está ahí, entre la cabeza y el corazón. Por el contrario, en ese pasaje que hablamos, si verdaderamente hay una disputa muy fuerte, una gran cicatriz, podemos meter la intención en el agua diamante de llegar a la acogida, a llegar a acoger y amar a esa persona que nos ha hecho sufrir durante 20 o 30 años.

Es muy útil en el trabajo con papá y mamá, porque todos tenemos más o menos protestas y reclamaciones contra ellos. Y en general esto va más rápido. Cuando llegamos a la acogida, hay incluso algunas veces eso que yo llamo la emoción del corazón. Es decir, que uno toma verdaderamente consciencia de esos seres —la mamá, el papá, o cualquier otro— que han sido un poco duros con nosotros cuando éramos pequeños, ellos también vinieron con una mochila de memorias, fueron educados en un sistema que era mucho más estrecho que ahora, y que ellos hicieron lo que pudieron; ellos nos han dado todo lo que podían darnos, incluso aunque fuera muy poco. Incluso aunque nos hayan dado de tortas, o hayan sido tacaños con nosotros, o sin afecto, o sin diálogo, es porque ellos mismos no eran capaces de darlo a causa de todas las memorias que tenían. Y nosotros, en su lugar, habríamos hecho lo mismo. A partir de aquí, la reacción empieza a disminuir. Empezamos a comprender que somos nosotros mismos los que elegimos a nuestros padres para sobre todo no olvidar aquello que tenemos que comprender en esta vida, con el fin de sanarlo y de transformarlo. Entonces hay una emoción del corazón, una emoción de amor, y cuando llegáis a este estado, os daréis cuenta de que la próxima vez que veréis a vuestros padres, ellos ya no serán los mismos. Habrá mucha más fluidez en la comunicación, más autenticidad; ellos os revelarán cosas de vuestra vida que no os habían dicho nunca antes. Serán más fraternales.

Es solamente entonces que podéis meter la intención en el agua diamante para transformar, para volver transparente, volver crística — según vuestro lenguaje — de liberaros, si hay un miedo antiguo, una cicatriz, un antiguo sufrimiento que está ahí, de liberaros de este sufrimiento que nos os pertenece más. El gran trabajo, está ahí: *no es el agua diamante el que nace el trabajo, sois vosotros*. Pero el agua diamante, viendo todo este amor que tenéis por vosotros mismos y por esas partes de vosotros, automáticamente va a intervenir a nivel celular, para que hagáis en un año lo que haríais en diez años. Es justamente ésta la diferencia. Pero alguien que hace este camino y que no dispone del agua diamante, llega al mismo resultado. No toméis el agua diamante como una panacea milagrosa. Ella solamente acelera vuestro trabajo.

Aquel que no ha conocido a sus padres, si ha vivido en un orfelinato, o en una familia adoptiva, es que él escogió a las personas del orfanato o a aquellos de la familia adoptiva como espejo para acordarse, pero en el terreno de otra genética. Aquí hay a menudo una sutileza. Vemos familias, en particular en el caso de niños adoptados, donde la persona es nacida de una genética e inmediatamente es llevada con otro padre diferente al suyo, que es quien le ha dado los espejos, pero sobre una genética que no es la suya. Es el caso por ejemplo, donde el padre adoptivo que no está muy evolucionado, ha sido elegido por un alma avanzada que debe hacer un camino más avanzado y que debe recordar las memorias que ese padre adoptivo le va a transmitir, pero ella no quiere su genética porque en ese «aso no podría llegar a transformarla, debido a que esas memorias estarían demasiado ancladas y fosilizadas en su carne de encarnación. Ella va a escoger la genética de un padre más avanzado, aunque tome las memorias de ese padre menos evolucionado para acordarse de que debe sanarlas, y ella los va a sanar mucho más fácilmente que si tuviera la genética de ese otro padre.

Los padres adoptivos buscan a sus verdaderos padres y madres, se comprende, tanto más cuando hemos cultivado el culto al padre y a la madre, lo cual es una usurpación de la paternidad de Dios y de la maternidad de la madre tierra. Recordad lo que Jesús dijo: *No llaméis a ninguna persona sobre la tierra vuestro padre, ya que solo uno es vuestro Padre.* Es verdad que los adultos que procrean un vehículo hacen un acto de amor y de acogida, porque es todo un trabajo tener un hijo durante 20 años en casa, hay que ocuparse de él, incluso después. Pero los padres no tienen ningún derecho de propiedad sobre el hijo, ni ningún derecho para imponerle lo que sea, ni ningún derecho de autoridad. Ellos deben simplemente darle las estructuras de base para que esté anclado, y dejarle hacer lo que le apetezca de su vida, dándole consejos o sugerencias que él mismo pide. Es todo. Pero si un día se quiere ir y no volver a vernos durante 40 años, no debería de haber ningún problema, ningún apego ni posesión. Pero como somos adoctrinados en esta historia tribal, mamífera, aun existe todo esto, y el hijo quiere a menudo reencontrar a su padre y a su madre biológicos para ver como parecen, como son. Pero cuando les encuentra, no funciona, porque él ha tomado los esquemas de los padres adoptivos. Es aquí donde vemos que el vínculo genético es un terreno de base, pero son los puerros que se han plantado en él los que cuentan.

En relación con esos esquemas, pienso a menudo en la parábola del Hijo Pródigo, de Jesús. Os acordáis de esta parábola, donde el padre da dinero a un hijo, el cual lo va a gestionar correctamente, honestamente y seriamente, mientras que el otro hijo toma el dinero, hace las mil y una, se va de fiesta, se vuelve un libertino y derrocha todo. Una vez que se encuentra sin hogar, sin nada, en vez de ser trabajador en casa de un extraño, él vuelve para emplearse en casa de su padre. El padre le ve venir en un estado deplorable —él representa al esquema que habéis traído a la consciencia— y por amor le abre los brazos, no le hace ninguna pregunta, no le pide saber donde ha ido, que ha hecho con el dinero, con toda esta energía divina que ha derrochado, y además le hace preparar un banquete, le da una fiesta. En ese caso, es un trabajo el cual, en mi casa y en mi entorno, desarrolla mucho el lado femenino, la compasión de la Madre Divina, que no tiene en cuenta aquello que ha sido hecho sino aquello que la persona es, y de su voluntad en el momento presente.

La intención de este esquema en el momento actual, es la de volver hacia Dios. Supongamos que tenéis un esquema de robo en vosotros, y que este esquema quiere volver a Dios pero no sabe como hacerl o. ¿Qué va a pasar? Hay un ladrón que va a venir a meterse en vuestra casa, y este ladrón, atraído por esta memoria, os muestra que esa memoria quiere volver a Dios. Pero en tanto que vuestro vehículo, que es de hecho la probeta de transformación alquímica crística prevista para transformar esta memoria, no ha aceptado, abriendo el estómago mental — es decir, en tanto que el mental no haya aceptado y que el corazón no haya hecho un banquete a esta energía de robo que la persona tiene en sí misma y que el otro muestra — automáticamente esta memoria va a seguir siendo la misma y os vais a morir con ella, y en la otra vida os vais a hacer robar y de esta forma, la noria va a girar sin parar. Es lo que podemos llamar morir idiota : hemos robotizado, hemos hecho el mismo recorrido. Mientras que ahí os dais cuenta que decodificando estas memorias, hacéis a veces el mismo recorrido pero una espiral por encima. Esto se vuelve cada vez menos y menos traumatizante. Vais a ver, si decodificáis una memoria de robo, ya que estamos hablando de esto, seis meses más tarde, diez meses más tarde se os muestra otra vez, pero menos fuerte, es decir, que os van a robar vuestra barra de labios, o una chorradita cualquiera, y es un poco menos fuerte cada vez. Y ahí volvéis a decodificar, porque son memorias que van apareciendo por capas, como los aluviones, como el barro de un río que remonta a la superficie. Recogemos y hay otro que sube, y así seguimos...

Hasta el día en que llegáis al núcleo central (creo que en las leyendas a esto se le llama el guardián del umbral), donde todo se encuentra ahí todavía, pero en calidad de potencial. Y ahí hay otro trabajo que se tiene que hacer, debe ser quebrado, roto por el fuego, por el fuego cósmico y el subir de la kundalini. En ese estadio estáis realizados. A grandes rasgos es así como funciona. Pero si no llegáis a amar, porque es muy difícil, pensad en la parábola del hijo pródigo. Pensad que esta memoria os persigue para volver. ¿Por tanto, que está pasando ? En vuestro subconsciente y en vuestro consciente, es un puzzle, y este puzzle inmenso donde se encuentran 1500, 2000 memorias diferentes, grandes, pequeñas, antiguas, más recientes, cada vez que acogéis y que transformáis, es como si encontrarais una pieza del puzzle. Así, el paisaje de vuestra personalidad empieza a desvelarse lo que hace que vosotros os conozcáis cada vez mejor y cada vez más completamente. Y el hecho de conoceros más y más completamente os lleva a conocer a los otros mas y más completamente y como consecuencia amarlos aun más, lo que hace que los otros os amen más y más, y siendo amados aún más, atraéis hacia vosotros la alegría, la abundancia, la serenidad, la libertad y la certeza de que sois soberanos de vuestra vida y que tenéis la llave para actuar en todo poder sobre la pantalla de vuestra vida, cambiando en el interior sin jamás corregir nada, ni imponer, ni rectificar en el exterior.

En el pasado yo lo corregía todo. Aun me ocurre actualmente. Yo era un profesor. Esta energía del alumno y del profesor está actualmente transformada. Hoy, cuando veo a alguien equivocarse, no le digo nada, le dejo hacer, incluso si se va a quemar o se va a romper una pierna ; no digo nada, le dejo hacer, y me pregunto por qué yo atraigo torpeza del otro a mi frente. Y cuando he comprendido que me la está enseñando, esta torpeza se detiene. Por tanto yo no la he corregido. Hay que llegar más o menos a esto, pero para eso hay que tener confianza, ya que esa torpeza se arriesga a romper el jarrón chino que os ha costado 100.000 Francos. *Hay que ser espectador de sí mismo, en el otro.* Es de esta manera que vosotros decodificáis. En los sueños, todos los individuos de los cuales soñáis son partes de vosotros. No soñáis jamás de otros, porque el alma no habla de los ausentes.

Respuesta a una pregunta sobre la decodificación.

Los esquemas que nos son propuestos para transformar vienen el uno detrás del otro, en un orden bien definido. No podemos querer hacer un inventario y desprogramarlo todo de una sola vez, pues en ese caso caeríamos en la trampa eventual del turismo psíquico con una voluntad y una ambición de ser más puros y de realizarse muy rápido. Y ahí, es aun el ego el que manifiesta su voluntad por mantenerse vivo, o creíble y en todo caso reconocido. Los esquemas, es un poco como la pirámide de botes de judías en un supermercado, de manera que no puedes tomar uno de los de abajo, que es quizás el que se corresponde a ti cuando tenías 18 meses : porque si lo retiras, entonces toda la pirámide se derrumba, y en ese caso tu sistema nervioso no lo soporta. Pero como eres madre de familia y tienes tus responsabilidades, no te lo puedes permitir. Puedes solamente llegar a una de las latas que están abajo levantando aquellas que están encima, la una después de la otra, es decir, levantando lo superficial para llegar al centro. ¿Y quien te muestra estas memorias superficiales ? Pues bien, es el papá de tus hijos, y tus hijos. Te muestran las cosas agradables y las cosas desagradables, o las cosas que no son ni lo uno ni lo otro pero que hace falta ver. Por tanto, tu compañero tiene ciertamente cosas comunes no solamente con tu padre adoptivo, sino también con tu padre biológico. Tu padre adoptivo ha expresado exactamente lo contrario que tu padre biológico ha expresado, porque siempre atraemos el uno o el otro de las dos facetas que constituyen los dos polos contrarios en cada memoria. Puedes meter en el agua la intención bien simple de atravesar esa dificultad, pero en ese momento el agua diamante va a poner en marcha un mecanismo, a través de tu hija pequeña, o de tu hija mayor, o de tu marido, o de tus amigos, o con la ayuda de los sueños también, donde se te va a mostrar y explicar cosas que serán pequeños detalles a desgranar antes de llegar al centro. Y antes de llegar de lo superficial al centro, hay quizás 40 intenciones a meter durante 6 meses.

Vamos a tomar un ejemplo muy simple. Supongamos que una persona mete en el agua una intención banal, completamente material. Esta persona hace un camino, no es muy rica, vive con su hija pequeña, y ella quiere mudarse, porque vive en un barrio ruidoso, sucio, y paga un alquiler caro. Ella querría mudarse a un sitio en particular, a una planta baja, en la ciudad, con un pequeño jardín — lo cual no es evidente — no pagar demasiado caro, y tener los medios de transporte accesibles para que su hija vaya a la escuela. Es algo difícil de encontrar, en una capital en cualquier caso. Entonces ella mete la intención en el agua, de encontrar un alquiler que sea favorable a su evolución y a la de su hija. ¿Qué pasa entre el momento en el que ella pone las intenciones y el momento en que encuentra? Ya que se ha realizado. Ella ha tomado consciencia de cantidad de cosas que le han mostrado otras personas de su entorno, que ella ha debido decodificar todos los días o cada dos o tres días, en particular los traumas de las mudanzas que ella tuvo siendo bebé, por la historia que una vecina le contó. Es decir que cada mudanza había sido un trauma inconsciente, pero ella no lo sentía ya que estaba contenta y feliz de haberse mudado varias veces en los últimos años. Pero una parte del subconsciente decía: «tengo miedo, tengo miedo, tengo miedo», y el miedo impide que el suceso se realice. Se concretiza sobre la pantalla de la cotidianidad. Si ella escuchó a su vecina explicarle que se ha mudado a menudo y que su hija se ha sentido afectada, y si ella comprende que esta vecina le habla de ella misma, a partir de que vuelva a su casa se va a preguntar por qué le ha contado esta historia. Quizás ella cuenta la historia que yo he vivido cuando era un bebé y por tanto no me acuerdo porque era demasiado pequeña. Ella puso esto en decodificación, y también otras pequeñas cosas, y por hacer esto encontró una vivienda con un alquiler correcto, en un lugar de la ciudad parecido a un pequeño pueblo, con viviendas sociales, pero muy limpias, con un jardincito y medios de transporte próximos. Esto se realizó alrededor de 2 meses más tarde porque no era una intención egoísta, era para permitir una mejor evolución de su alma.

Veis, la cuestión de las intenciones es algo muy sutil, y lo que es difícil es discernir que todos lo humanos que están alrededor nuestro son partes de nosotros, y a veces hay que preguntarse: «Vaya, ¿por qué me cuenta él esto? ¿Por qué el cartero me cuenta que su suegra está muerta?» Nuestro mental piensa que no tenemos nada que ver, pero como somos gente educada, presentamos nuestras condolencias, y se acabó. Pero en verdad, no es cierto. La semana pasada, María tuvo un sueño en el cual pasaba a través de los muros, y al día siguiente estábamos en un hotel, y como teníamos que volver tarde por la noche, pregunté si era posible disponer de una llave de la puerta exterior y el hostelero nos respondió: «no, no, pero tengo una 'pasa-murallas' aquí.» ¿Veis? No es por casualidad que él dijo esto. Hay que tomarse el tiempo, sentarse y decir: «Vaya, mi mujer (o mi marido) no tiene por hábito decir cosas como esa. ¿Por qué me está contando esto? ¿Por qué se comporta de esta forma?» Hay que hacerse la pregunta y siempre llevar la expresión del otro a sí mismo, ya que es una parte de sí mismo.

Incluso en las relaciones. Hace tres años, el agua diamante no existía pero había otro producto. Una mujer vino un día a mi casa y estuvimos conversando cara a cara. Yo siento una energía de atracción física muy potente hacia ella; y ella también, yo veía que ella estaba un poco removida. Estuvimos conversando dos horas, y se marchó a su casa. Por la noche, yo puse la intención, en el producto que tenía, de saber porqué había ocurrido eso, yo sabía bien que no era amor, sabía bien que eran esquemas que se atraían como amantes. Diez años antes, habría entrado en la experiencia, y me habría hecho falta seis meses o un año de experiencia antes de comprender. Esa noche, tuve un sueño, donde vi a esta persona que me había venido a ver, hacer el amor con otra mujer. Entonces comprendí que en mí mismo tenía memorias de homosexualidad femenina, en mi mujer interior. Entonces metí esto en decodificación con la intención de que estas memorias de homosexualidad femenina retomaran su lugar apropiado y justo, fueran equilibradas y retomaran su lugar normal dentro de una encarnación masculina, e incluso en el lado femenino de mi alma. Un mes después, esta mujer volvió, para hablarme, y esta vez, ya no había más atracción, nada en absoluto. Yo le hablé de esto. Le dije: «¿Sentiste la primera vez que nos vimos?» Ella me dijo: «Sí, no pude dormir durante 8 días. Estuve cada día tentada de llamar para que fuéramos a comer a un restaurante juntos, y que pudiéramos vernos de una manera un poco más íntima». Entonces le expliqué el trabajo que había hecho. Y le dije: «Pero ¿tú eres homosexual? ¿Has tenido ya relaciones homosexuales?» Ella me dijo: «No, nunca, pero he tenido a menudo mujeres que me lo han propuesto», para mostrarle que ella tenía esto en su interior. ¿Veis?

Por tanto, yo vi todo esto en mí, esta mujer me lo mostró. Que sea dentro de las atracciones o de las repulsiones —la antipatía, el odio, el rechazo— es la misma cosa, es el otro lado de la misma medalla. Si yo no le hubiera hablado de ello, porque no hubiera sido una persona abierta a este lenguaje, esto no se habría transformado en ella. Pero por contra, ella no habría vuelto nunca más a verme. En tanto que la persona vuelve a veros, es que el esquema no está completamente terminado. Si es un esquema grande, muy pesado, muy antiguo, que ha sido repetido durante vidas, hace falta tiempo para que vaya puliéndose por capas. Y en ese momento, la persona vuelve siempre, como por azar, o os la encontráis por la calle, es muy extraño. Del hecho de que yo le hablara, yo supongo que ella puso esto en desprogramación ya que ayuda mucho. En un caso como ese, esto cambia mucho los datos ya que, cuando desprogramamos ese tipo de memorias, restos de otras vidas, eso cambia toda la energía en las relaciones heterosexuales. Hay que saber que en un hombre o en una mujer, están al mismo tiempo el hombre y la mujer, y que quizás estas energías homosexuales femeninas en mí atraían hacia mí parejas que tenían esa misma energía en tanto que mujeres.

Veo aquí mucha gente joven, y os puedo decir que muchos entre nosotros, hemos perdido mucho tiempo en relaciones únicamente esquemáticas que fueron importantes para ver esos esquemas y sanarlos. Como a menudo hemos sufrido esas relaciones durante mucho tiempo, han hecho falta 7 o 8 años para sanar 3 esquemas. Y esto no es siempre divertido, hay a menudo sufrimiento en estas relaciones. Por tanto, si decodificáis los esquemas a nivel del hombre y de la mujer interiores, sobretodo a nivel emocional, vais automáticamente a ser dirigidos, hilvanados, hacia el hombre o la mujer que van a complementaros mucho más, sin perder 10 o 15 años en relaciones laboriosas y de la posesión, de los celos, etc.

Incluso las energías de placer sexual tienen a menudo una relación con estos esquemas. Por ejemplo, en el caso de una homosexualidad femenina, incluso en el caso de un hombre como yo, puede llevar a una fuerte satisfacción con una mujer que tiene mis mismos esquemas, sino esto no funcionaría. Y esto no es aun el amor, pero está bien de vivirlo también. María y yo conocemos el caso de una mujer que tiene un aspecto un tanto infantil. Tiene 50 años, es pequeña, todo frescor, todo delicadeza, y es una señora que tuvo su primer orgasmo a los 38 años. Dicho de otra forma, durante 18 o 20 años de matrimonio no tuvo nunca ni una sola vez placer sexual con su marido. Se divorciaron. A continuación ella tuvo varias aventuras; siempre igual: todo en calma. En este caso solemos colocar la etiqueta de «frigidez». Y a continuación, un día ella se encuentra con un hombre con el cual fue una relación apasionada. Había entonces en esa situación memorias abundantes que se atraían la una a la otra, en este intercambio ella tuvo su primer orgasmo. Al cabo de varios meses de relación, ella se apercibió de que ese hombre había estado en la cárcel por pedofilia, por violación. ¿Qué pasó? Seguidamente ella fue a hacer algunas regresiones a vidas anteriores, y reconoció que en otras vidas ella había sido violada, por varios hombres pero que había obtenido placer y había tenido un orgasmo durante esa violación. Y estaba obligada a atraer hacia ella a un hombre que tenía esas energías para hacerla disfrutar. ¿Veis como todo esto funciona? Pero a partir del momento en que comprende este mecanismo y lo decodifica, ella no puedo atraer más hombres de ese tipo. Es esto lo que es maravilloso en la relación. Y además, si esto lo hacemos a dos en una pareja es fantástico, porque esos esquemas acaban por clarificarse, se calman, y poco a poco la atracción emocional se va. Lo que queda, es una complementariedad, una armonía, un tipo de complicidad de corazón que se crea, y el acto de amor físico se hace como respuesta a la petición del alma, y no más a petición de los esquemas.

Esta mujer se sanó. Ella hizo el trabajo de toma de consciencia. En las personas que no hacen el camino y que viven este tipo de relación, es el dolor el que transforma la genética de su carne. Pero si lo podemos hacer conscientemente, no hay más necesidad de este dolor, es esta la diferencia. Hay mucha gente que sufren traumas, abandonos, dolores físicos, enfermedades, para transformarse, pero si comprendemos lo que hay en nosotros antes, observando bien en detalle todo aquello que vive a nuestro alrededor, toda nuestra película, no tenemos necesidad de ir hasta la prueba que nos hará sufrir. Incluso si es un esquema fuertemente fosilizado y profundo, cuando uno lo decodifica, la prueba será corta y menos traumática.

Intervención: Lo que es difícil, es quizás la decodificación, llegar a comprender lo que hay detrás...

Sí, a veces no hay que buscar mucho para comprender, solamente se necesita aceptar y acoger. Esta bien comprender cuando somos empujados a comprender. Pero podemos también poner esquemas en descodificación, aceptarlos, sin comprender de donde viene todo ello y por qué nosotros tenemos esto o aquello, porque está muy lejano; eso viene quizás de hace quince mil años... Un día, pregunté a mis guias por qué había yo sufrido tanto durante 45 años, y yo pensaba tener un gran y enorme karma para vivir todo aquello. Entonces, me dieron un sueño en el cual había una calle, y a cada lado no habían más que restaurantes. Yo debía entrar en cada restaurante, uno después del otro, un lado de la calle y después del otro. En todos los restaurantes estaba todo limpio. Pero quedaban miguitas de pan sobre las mesas. Yo debía recoger cada miguita, en todos los restaurantes del lado masculino y del lado femenino de mis vidas de hombre y de mujer, para todo limpiar y todo ordenar. Esto son mis miguitas, ¡pero os aseguro que son miguitas que se resisten!

Pregunta: Por ejemplo, una persona que es esquizofrénica aguda, ¿qué piensa de esto?

No me he ocupado nunca de los esquizofrénicos, pero creo que son personas que no quieren encarnar. Por lo tanto, a menudo, el primer chakra no está anclado. Estas personas están mitad dentro y mitad fuera de sus cuerpos, lo que explica que a menudo sean muy médiums.

Tiene usted delante suyo a un esquizofrénico agudo.

Ah, ¿sí?. Vaya, nadie lo diría. Entonces, en desordenes de comportamiento diferentes a este, es posible que hayan habido en estos caso paquetes de esquemas importantes en vidas anteriores. Vamos a tomar por ejemplo, en el más y en el menos que hemos visto hace un momento, un individuo que es súper dulce y calmado. Pero detrás, en su subconsciente, hay una violencia cruel, asesina, jamás expresada. A continuación, de un solo golpe, por una razón u otra, la veleta se gira y se vuelve un asesino cruel y violento. Y dos horas más tarde, la veleta vuelve a la otra posición y se vuelve el hombre al que daríamos todos los santos del mundo. Es un ejemplo muy caricaturesco.

Este diagnóstico se hizo después de una vacunación en el ejército.

Sí, entonces puede ser que la veleta más y menos haya sido ligeramente desestabilizada, y al menor golpe de viento, ¡pum! Se va en otro sentido, ya que no hay suficiente anclaje. Quizás lo has querido así, y si esto ha pasado en el ejército es que en algún tiempo, has tenido una vida militar y un comportamiento demasiado fuerte.

Quizás es un mal por un bien, ya que tenía que ir a la guerra en Túnez, y me escapé de todo esto. También está bien.

Sí, también está bien, de hecho.

Respuesta a una pregunta.

Tú has puesto tu intención de mudarte, admitamos, y ahí te vas a dar cuenta de que hay un miedo a cambiar de lugar, un miedo a lo desconocido, inconsciente. Te lo van a explicar a través de tu vecina, o una amiga, o un sueño. Donde vas a comprender que quizás existe la pereza de meter todo en cajas, o este tipo de cosas, y que no tienes el dinero para pagarte una empresa de mudanzas que lo haría todo en tu lugar. Hay que decodificar todo esto antes de que se realice la intención. Puedes tener como esquema a un padre casero sedentario, una madre que quiere ir siempre por delante, mudarse, visitar el país, pero un padre que está todo el día en zapatillas, con su salchichón, su periódico y su boina. En ese caso, es quizás este hombre interior en ti el que puede impedir la mudanza. El papá y la mamá son verdaderamente la fuente más completa de todas las memorias que tenemos en nuestro subconsciente, ya que los hemos elegido para que se nos impriman en primer lugar sus expresiones. Por tanto, estos esquemas los reencontráis en vuestros amigos mujeres y en vuestros amigos hombres. Pero algunas veces, es un poco engañoso, porque encontramos el inverso. Por ejemplo, una mujer que tiene un padre súper tacaño se va a casar con un hombre súper generoso a nivel financiero. Pero si es súper generoso a nivel financiero, es que en su sub-consciente tiene el mismo nivel de tacañería. Por tanto, el día en que se divorcien, no le dará ni una moneda. Siempre están los dos. Cuanto más fuertemente se expresa un esquema, más fuertemente está en el otro sentido también. Prestad atención a esto cuando os encontréis a personas. Al mismo tiempo esto os permitirá no confundir el falso regalo con el verdadero regalo, y os dejareis comprar o sensibilizar mucho menos por el sentimentalismo.

Puedes meter la intención de que la energía casera de tu padre en ti se transforme en algo más dinámico, más valiente. Pero no hay necesidad de repetir esta intención, no hace falta que se vuelva un fastidio. Por el contrario, lo que sí que está bien, es tener una agenda, y escribir la intención que pusimos tal día; o entonces tenemos a veces un pequeño suceso que ha pasado en el despacho, por ejemplo, pero no tenemos el tiempo de reflexionar porque hay cartas para enviar, el teléfono, etc., entonces escribimos una pequeña nota sobre un papel, y por la noche lo retomamos: «vaya, mi compañero de trabajo me ha contado esto, y esto me ha hecho salir una emoción, que no sé que es». A veces no lo encontramos tan rápido, entonces decimos: «Tengo la intención de saber porque he tenido una reacción emocional cuando mi colega me ha explicado la historia de su hija que está enferma», por ejemplo—o «que su marido tiene una amante». Cuando hay una reacción emocional, cólera u otra, si hay reacción no hay acción, esto quiere decir que hay una memoria.

No lo olvidéis: los actos hechos por reacción no dan buenos frutos; no recogemos nunca felicidad después de una reacción. Pero algunas veces hay que permitírselo también. A veces le hace un bien al otro que montemos en cólera, está bien sentarse y reflexionar sobre la razón de nuestra cólera. «¿Qué ha hecho? ¿Qué representa? Ah, ahora ya me acuerdo, mi padre hacia lo mismo con mi madre».

Respuesta a una intervención.

De hecho, cuando hay un juicio, no eres tú quien juzgas, son los esquemas los que juzgan; Todavía es un robotismo. Porque en ti, en tanto que luz, tú no puedes juzgar, eres incapaz, por tanto todavía son esquemas.

¿Cómo liberarse de este esquema?

Bueno, tomar consciencia cuando juzgamos que aquel de allí es tonto, mezquino, o esto o aquello ... El lenguaje nos puede ayudar, yo se lo digo a los demás incluso aunque todavía tengo dificultades para practicarlo. Es decir, que en vez de poner una etiqueta sobre la persona, yo me digo : « él no es un ladrón, él no es un violador, él no es malvado, él no es avaro, pero él tiene avaricia, tiene energías de violador, tiene avaricia en él que él deja que se exprese, pero él es luz ». El individuo es luz, pero él no es consciente de tener en él una energía de avaricia, una memoria, él no la ve en absoluto. Yo tengo todavía cantidad de memorias que expreso pero que no me doy cuenta, pero voy a verlas el día en que me las muestren, o el día en que las vea en otra persona, y quizás las voy a ver en 50 personas y es solamente en la 51 que voy a tomar consciencia. Los esquemas se encadenan el uno con el otro. Por ejemplo, una memoria de vanidad esconde un sentimiento de mediocridad, en el subconsciente. Este sentimiento de mediocridad es el inverso de la ignorancia, porque la persona no sabe que ella es luz, pero esta ignorancia es quizás la inversa de una erudición demasiado grande a nivel intelectual que fue el objetivo principal en otra vida. Pero esta gran erudición intelectual había sido, quizás, cultivada a causa de la imagen mediocre o pobre que tenía la persona de ella misma... Hace falta que todos estos esquemas se sanen el uno después del otro. Y es cuando ya hay bastantes que están bien delgaditos, que estáis cada vez menos y menos en el proceso de juzgar.

Pregunta : Entonces, ¿juzgar, no es discernir ?

No, esto es observar las cosas como son, cuando observas, no juzgas. Esto no quiere decir que no hay que ver la tacañería del otro ; no quiere decir que todo el mundo es bueno y amable. Esto, es también un juicio, es una apreciación de valor dentro del bien y del mal, y tampoco es que sea algo tremendo. Si hacemos una falta, no tenemos que excusarnos ni culpabilizarnos, porque en ese caso quiere decir que nos juzgamos. Y todos tenemos jueces interiores ; ¡tenemos todo un tribunal en la cabeza ! Observar, apreciar, es discernimiento.

Admitamos que aquello que nos pone nerviosos, es vez que alguien es bestia como un burro, que hace yo que sé con su vida. Esto quiere decir que este chico expresa la tontería, y que en el fondo de sí mismo, la inteligencia de su alma no está siendo expresada. Si vosotros ahora, expresáis la inteligencia, y el otro os pone nervioso, esto quiere decir que en vuestro subconsciente está la estupidez. Y como el más y el menos se atraen, esto os hace sacar una reacción que es también una estupidez. Así es como funciona. Cuando volvéis a vuestra casa, veis que esta persona os ha mostrado una parte de vosotros que es estúpida y vosotros tenéis la intención de que esa parte se vuelva sabia e inteligente. Es todo, y veréis que un mes después os vais a reencontrar con esta persona, y va a hacer cosas más inteligentes delante vuestro, y vais a decir: «Oh, ¡esta parte de mí mismo está haciendo progresos!» Os aseguro que es así. Y sabéis lo que me pasa también —y esto puede ocurriros— es que algunas veces hay personas que conozco desde hace años, con las cuales había roces, es decir, memorias. Con el tiempo yo he comprendido que tenía esto en mí, he aceptado, decodificado, desprogramado, y estas personas que estaban en contra mía —del tipo: cuanto menos nos vemos, mejor nos llevamos— ahora toman el agua diamante, el uno después del otro. Esto quiere decir que esos esquemas en mí están transformándose de manera radical, es el mensaje que me dan. He visto incluso personas que estaban absolutamente en contra del agua diamante, que ahora la toman. Son por tanto, viejas partes de mí, viejas memorias de jefe de secta, o de patrón de iglesia protestante, u otra cosa, que son un poco más redondas, un poco más en la compasión y en la consciencia.

Entre las personas que tienen al agua diamante, hay quien me ha dicho: «Yo, no puedo distribuir el agua diamante. Conmigo tiene efectos formidables, pero cada vez que le hablo a alguna persona, no me cree, me toma por estúpida, y no quieren». Estas personas le hacen de espejo de las partes de ella que no quieren evolucionar. Porque yo fui después, y las mismas personas que no querían la tomaron rápidamente, están contentas y van avanzando. Pero con ella, no funcionaba de ninguna manera. Poned atención también a todo esto, cuando tenéis personas que rechazan el agua, observad, son partes de vosotros que rechazan despertar. Si no veis cuales son, pedid, poned la intención en el agua de comprender: «¿Cuál es la parte de mí que no quiere despertar?» Hay una señora aquí que me decía que sus hijos adolescentes no querían oír ni hablar del agua diamante. En ese caso, esta persona podría pedir saber cuales son las partes hombre en ella que no quieren evolucionar. Y si quiere ir más lejos, puede observar a su padre, y verá en sus hijos a su padre y a su marido. Verá puntos comunes, por ejemplo, cosas esclerosadas que no quieren avanzar. Y ahí, ella las puede decodificar, y posiblemente se sorprenda de que en las 3 semanas que siguen, o 6 meses, o 8 meses, uno de sus hijos dirá: «Ahora sí que quiero tomar tu agua, la encuentro buena».

He visto a menudo el caso donde la mujer evoluciona primero, y el hombre a menudo un poco más tarde. No está mal del todo, porque si fueran los hombres los que evolucionaran primero, tomarían las riendas y las mujeres serían obligadas a seguirles, lo cual llevaría a una dictadura. Mientras que la mujer es más 'cool', ella hace sus cosas, y el otro la sigue o no la sigue. Pero es verdad que a veces es duro, que esto implica conflictos «¿Dónde vas otra vez a pasar tu domingo por la tarde? Hace buen tiempo, y además todo eso nos cuesta dinero...» Vi a una mujer de 30 años que después después de 6 meses desprogramó todas las memorias que le mostraban su padre y su marido. ¡Hizo una verdadera lista de cosas! Habían mas de cincuenta. ¿Y qué pasa? Hace 15 días me dijo: «Desde el lunes, tengo una discusión profunda con mi marido acerca de la reencarnación, mientras que antes, no quería creer en absoluto. Ahora le parece que le iría bien que le diera un librito». Entonces le dije que es porque su hombre interior empieza a despertar, porque ella ha decodificado. En las relaciones conflictivas, es formidable. Vais a volver a casa y os vais preguntar ¿por dónde empiezo?

!No empecéis hoy! Esta tarde, pasad una velada tranquila. Pero mañana, por ejemplo, podríais preguntaros: ¿Hay en mi familia o entre mis amigos, relaciones que se han terminado por causa de un escándalo, o por problemas o por antipatía? Todos tenemos cosas como esta en nuestra familia. Admitamos que tuvierais un hermano, o un cuñado, que no veis desde hace 10 años a causa de una historia de disputas de herencia. Uno de los dos no estaba contento porque uno tuvo más que el otro, uno recibió la cacerola de plata, y el otro el vaso de cuero que no quería, en breve, chiquilladas. Pero por el hecho de nuestra inmadurez emocional, no nos podemos ver más, y incluso cuando nos vemos en los entierros y en las bodas, nos evitamos. Entonces, podéis empezar por aquí. Es un buen pedazo, es muy importante, porque en tanto que esta separación está en el astral, a través de vínculos nauseabundos que están allí, automáticamente esto bloquea también vuestra abundancia financiera, vuestra abundancia profesional, vuestra abundancia con el hombre o la mujer con la cual vivís. Porque esta parte que no ama, vuestra pareja o vuestros hijos la toman inevitablemente en toda su expresión, todo el tiempo. Y como en el caso de la chica cuyo padre incestuoso no pasaba al acto, esto se mete en los esquemas de los niños. Y en el caso de las madres es maravilloso, porque todo aquello que decodificáis en relación a vosotros mismos, a vuestro marido, a vuestra madre, a aquellos que habéis conocido en vuestro entorno, lo decodificáis al mismo tiempo en vuestros hijos, y ellos no tendrán necesidad de vivir todas esas cosas. Es decir que a los 25 años ellos van a hacer cosas que vosotros solo empezáis a hacer ahora. Esta consciencia va a llegar. Lo veo en mi hija. Ella tiene una madurez, en su relación con el hombre, que yo no tenía ni a los 35 años. Todo ello porque yo decodifico en mí. Y mis padres, ahora se aman, al cabo de 45 años de matrimonio. Antes, se tiraban los platos a la cabeza. Yo no les veo más que cada dos años más o menos, pero el hecho de decodificar en mí les ha hecho acercarse.

Pregunta: ¿Cómo hacer para decodificar cosas con personas con los que hemos perdido completamente la pista, después de una separación difícil?

Puedes decir, por ejemplo: «Tengo la intención de que toda la carga de odio y de antipatía que existe entre Santiago y yo» (que vive muy lejos y al que posiblemente no volverás a ver jamás), «se transforme en amor. Ahora, tengo la intención de amar a este hombre—o esta mujer—, con el cual hubo una historia grave que nos dejó a los dos heridos y que hace que nos evitemos».

Tú has lanzado la intención, como un pescador que lanza su anzuelo, y después observas lo que ocurre. Hay cosas que van a remontar al exterior en ti, pero aunque tú no vuelvas a ver jamás a este hombre en cuestión, te vas a encontrar con personas que van a expresar una energía similar a la suya, una de entre ellas podría incluso parecérsele psíquicamente. Y en ese momento, esta persona va a servir de intermediario para arreglar esta situación. Ella misma tendrá los mismos esquemas, las mismas memorias, que pueden rozar todavía contigo. Y ella te va a mostrar las memorias en ti que han provocado las fricciones con el otro y causado la herida en un periodo en el que erais más jóvenes y en el que no conocíais todo esto. Por tanto te van a traer una persona parecida, en una relación quizás, o en el trabajo, o en el vecindario, para que sanes esas memorias en ti mismo, y entonces vas a sanar tu vínculo con aquella otra persona al mismo tiempo que con aquella que está aquí. En un momento dado, estará sanado, porque la relación que te habían traído se irá. No la verás nunca más, lo que quiere decir que está sanada. Puede ser que entonces un buen día, 20 años más tarde, recibas una carta de feliz año de esta persona perdida de vista. Esa será la señal de que está sanado. Esto no quiere decir que vayas a tener o a querer retomar la relación, pero si aun quedan pequeñas miguitas que sanar, se hará, habrá por lo menos un contacto, un diálogo. Si está completamente sanado, tendrás un pequeño signo que te lo mostrará, quizás un sueño, donde verás a esta persona cordial y calurosa contigo.

Esto yo lo visto. ¡Es mágico! Cuando queréis sanar una relación y no veis más a la persona desde hace 20 años, porque hay un pasivo— »el hijo» de la relación que está enfermo-, pues bien, os van a traer a una persona que se le parece. El agua diamante va a dirigiros hacia una fotocopia de esta persona.

Pregunta: ¿Hace falta obligatoriamente esperar la señal, o puede uno mismo enviar la carta?

No, no tendrás ganas de hacerlo, porque tendrás la duda de saber si está completamente borrado o no. Puesto que el problema, cuando metes un esquema a decodificar como éste, en el que empujas a los hijos pródigos a volver hacia Dios, hacia ti mismo por tanto, tu no sabes jamás cuando está completamente sanado, salvo por la reacción el entorno. Dicho de otra forma, sabes que has cambiado de peinado el día en que te ves en un espejo. Y los espejos ¿qué son? Son todos los otros humanos, es el perro, es el gato, es el mosquito que te pica en un sitio más que en otro, es todo esto lo que es el espejo.

Intervención: Me gustaría que hables también de los pequeños tubos que tenías ayer.

Los instrumentos ADN850 sirven para hacer agua diamante, pero no hay necesidad de comprarlos ya que el agua es multiplicable. Por el contrario, se puede utilizar el instrumento para meditar, codificar cápsulas (dos días en un cuenco), productos de belleza o aceites esenciales. Algunos los utilizan para los cuidados de enfermos... Para codificar el agua, metéis el tubo en un vaso con agua, y lo dejáis 12 horas. A la mañana siguiente tenéis un vaso de agua diamante, que podéis multiplicar hasta el infinito. Al principio, algunos cometían el error de meterlo en 5 litros de agua, pero en ese caso hay que esperar 15 días o 3 semanas, es demasiado tiempo.

Es multiplicable de por vida, y por millones de personas. Todo el agua que he suministrado en Francia o en el Québec —actualmente hay en 60 países— venía de un vaso de agua que hice en el mes de abril del 2000. Por lo tanto, es multiplicable. No está diluida, se multiplica. No todo el mundo siente la diferencia con otras aguas, a nivel de la energía, pero mi padre que tiene 77 años, cuando le llevé el agua, puso sus manos alrededor y dijo que sentía que esto trabajaba por todas partes. No todo el mundo tiene esta sensibilidad, pero se puede desarrollar. Tengo aquí una carta de una señora que no ha podido venir, y que tiene varias preguntas. Pregunta cuál es el efecto del agua diamante sobre los medicamentos, las anestesias dentales, etc. El agua diamante no corta el efecto del medicamento alopático a menos que sea necesario o si el medicamento es nocivo para la persona, sino, no la corta en absoluto. Esta señora dice en su carta que ella siente verdaderamente la energía de la Madre divina en el agua. No es la única: mucha gente siente una energía femenina cuando se acercan a este agua.

Pregunta: ¿Cómo podemos saber, en caso de error en la dosificación, si todavía es agua diamante?

Habéis escuchado que aconsejo poner un 10% de agua diamante por botella, pero esto no es absolutamente cierto. Incluso si no dejáis más que una cucharilla de café, no os inquietéis, se va a rehacer a sí misma, pero esperad quizás una hora más. Hay quien puso un litro y medio en 400.000 litros de agua contaminada, y al cabo de 7 días había ya una disminución del 10% de metales radiactivos contenidos en ese agua. Así, incluso una gota en un barril de 200 litros, funcionará, pero hará falta quizás esperar 8 días.

Pregunta: ¿Podemos po nerla en los manantiales?

Un manantial, fluye todo el tiempo. Es mejor ponerla en los lagos y en los ríos. Pero no es grave, del manantial fluirá hacia los ríos, los cuales revierten a la capa freática...

Pregunta: ¿Podemos lavar nuestro coche con agua diamante?

¡Seguro, verás que va a brillar más! Porque elimina la lejía del agua y elimina un poco de la cal. Conozco una persona que lava sus suelos con ella, y que la mete en su lavadora, y yo he hecho una vez la prueba de meterla en la lavadora para lavar jerséis o camisas, y cuando he puesto estas ropas sobre mí, he pasado las manos por encima y he notado la energía que subía a lo largo de mi brazo. La ropa estaba dulce y viva. Con un vaporizador, podéis ponerlo sobre la cara antes de la crema de la noche, o en el restaurante sobre los alimentos... Los hay que la ponen en los radiadores... No hay problema, tenéis que divertiros, hay que jugar con ella.

Al principio podemos tener necesidad de beber mucha. Yo tuve un periodo de estos, hace diez meses, donde tuve necesidad de beber gran cantidad durante semanas, mientras que yo soy más bien bebedor de vino, y no de agua. Esto duró dos meses y ahí se paró. Al principio, también podemos tener un período de fatiga, esto ha ocurrido varias veces. No hay que inquietarse. Pero es imposible volverse dependiente en un nivel en el que el bien y el mal están reunidos, no es posible. Yo puedo estar dos días sin beber, durante un viaje, sin que me falte.

Pregunta: ¿Es mejor decir la intención en voz alta?

Se puede hacer mentalmente, pero no olvidéis que el sonido de la voz es portador de energía, y por tanto el impacto es más grande. Por el contrario, en el despacho, si no queréis que os tomen por tontos, hacedlo discretamente, mentalmente, o en voz baja, y va a funcionar también.

Pregunta: ¿Para codificar aceite de lavanda, es el mismo proceso que con el agua?

Si, pero dejamos el codificador más tiempo, ya que el aceite necesita más tiempo para codificarse.

Pregunta: ¿Se puede beber este agua sin poner intenciones?

Seguro. Podéis darla a beber a personas que la beberán sin poner intención, personas mayores por ejemplos. Los niños gustan también de este agua. Pueden decir: «tengo la intención de no tener más hipo». La beben, y a continuación el hipo desaparece.

Pregunta: ¿Si superponemos una intención a otra ya puesta en el vaso?

No hay problema. Podemos meter a veces dos intenciones en el mismo vaso, si no son contradictorias.

Pregunta: ¿Qué es este agua 'súper-ionizada' de Turquía?

¡Es toda una historia! Es un agua que apareció un año antes que el agua diamante, y yo no la 'sentía' verdaderamente. Un artículo en Internet decía que había sido creada por maestros sufís, mediante cantos sagrados. Y un belga, muy interesado por el agua, fue a Estambul para tener la conciencia tranquila. Llega allí, y se encuentra con una fábrica, «Perfect Science» dirigida por M. Doyouk, un investigador, un químico, que le dijo que nunca habían habido sufís. Por tanto, este agua empezó sobre una mentira. Hay algo que no está limpio. Este agua fue acreditada por Drunvalo Melchisedek, que ha escrito el libro sobre la Flor de la Vida, y como es muy conocido, y hay muchas personas que beben de sus palabras, automáticamente este agua se volvió celebre rápidamente. Se hablaba de ella y se vendía. Yo tuve una botella, que puse en mi bañera para probar. Es verdad que es un agua que produce oxígeno; se ve que hay iones suplementarios. Por otro lado, no tiene el nivel de consciencia del agua diamante, de esto estoy seguro. Y lo que es divertido es que personas que eran fanáticas del agua de Turquía estaban absolutamente en contra del agua diamante. Por tanto yo vi en mí, todavía, esquemas de separación, quizás una memoria en mí que decía: «como soy yo quien la ha hecho, ¡es mejor!». Entonces decodifiqué esto, y parecería que después de dos o tres años que existe este agua de Turquía, Drunvalo ha cambiado de posición.

El 27 de mayo, en París, dijo delante de dos o tres mil personas, que sobretodo no había que bebería ni utilizarla, porque había hecho una encuesta y que de hecho todo había empezado con una mentira, la fabrica mintió, este agua no ha servido para descontaminar las mareas negras que se han producido mientras que estaba censada como que sí podía hacerlo; la fábrica fue destruida durante un terremoto, a continuación hubo una marea negra 500 metros más abajo, y en el lugar donde estuvo la fábrica, se han vertido 5 litros de agua diamante, es curioso.

Creo que soy el único que hace el agua diamante. Sé que en los Estados Unidos un médico ha hecho el «agua cristal», que parece ser muy buena y muy hermosa. La probaré un día en el Québec porque sé que tienen bastante por allí, pero es otra cosa. Es un agua que está bien estructurada, que tiene un bello cristal, que es muy bella, muy pura. Pero en el agua que os doy aquí, no es verdaderamente la pureza lo que importa en ella, es el hecho de que actuá sobre la rejilla humana. Ya que al comenzar a desprogramar, incluso el poco que podáis hacer, lanzáis pequeñas bolas de billar en la tela de araña energética de la raza humana. Con este hecho disminuís las pruebas que nos van a caer sobre la espalda, y que ya han caído sobre un numero nada pequeño de pueblos, con las inundaciones, los terremotos, los genocidios y todo el resto. *Por tanto, es más bien este el objetivo de este agua: llevar a los seres a otra consciencia, llevar la vida.* Si tenéis niños, pequeños especialmente, hacedles beber este agua, y si tenéis amigas embarazadas, hacedles beber este agua. Van a aligerar el ADN del feto, y va a permitir a las almas estar más libres y menos molestas en su encarnación, expresarse y encontrar su eje más rápido, escoger sus estudios, libros, relaciones... Van a dudar menos. No tenemos más tiempo. Este agua, es un poco un agente secreto, que va y que avanza, y veréis que las personas os la rechazaran, no querrán evolucionar. No pasa nada, hay que dejarlas. De todas formas, un día este agua lloverá del cielo. El día en que surja del grifo y en el que lloverá, no hará falta incluso ni bebería, porque el agua del supermercado será agua diamante, pero no lo sabrán. Se va a propagar por las nubes, va a llover, y quizás en 7 o 8 años no habrá más que ella sobre la tierra. ¡Es una epidemia!

Pregunta: ¿Podemos codificar directamente: abrimos el grifo y hop, es agua diamante?

No puedes decir: «tengo la intención que el agua del grifo se vuelve agua diamante», porque hay todo un trabajo científico y energético detrás, no es posible. Puedes meter el codificador en una reserva de agua o en un pequeño vaso de expansión, seguro, pero no hay que querer hacer demasiado. Hay que dejar que las cosas vengan...

Voy a hablaros un poco de los símbolos en los sueños. ¿Os interesa esto?

Pregunta: ¿Qué son los sueños premonitorios?

Son sueños en los cuales entramos en el espacio-tiempo y donde captamos sucesos. Pero si captas estos sucesos, es porque tienen una relación con los esquemas de tu interior. Si sueñas con catástrofes aéreas, esto tiene una relación contigo, porque quizás has vivido catástrofes aéreas en la Atlántida…

Vamos a hacer un pequeño inventario, no muy profundo, pero para que tengáis una idea. Aparte de los sueños del Yo Superior que ha menudo os anuncian el menú de vuestra evolución — pero estos sueños no vienen así como así, sino cuando ya habéis decodificado un cierto número de memorias — *todos los sueños hablan de vuestros esquemas*, los cuales el vehículo, que se llama Santiago, Andrés o Miguelita, debe aceptar, comprender y traer a la consciencia, pues son partes de vosotros mismos que no conocéis todavía y que quizás no habéis visto en vuestro entorno. Entonces el alma insiste, envía un sueño diciendo: «observa esto».

Todos los individuos con los cuales soñáis representan esquemas, ya sea el padre, la madre, el vecino, o incluso individuos que no habéis visto jamás. Por tanto cuando soñamos, no soñamos jamás con los otros; soñamos siempre de nosotros mismos, y os podéis decir incluso que en la vida 'real', sigue siendo el mismo sueño que continua. De hecho soñamos siempre, estamos siempre en el sueño, salvo que en el sueño hay excentricidades que no veríamos nunca en la vida terrestre, cosas muy absurdas que no podríamos poner en práctica en la vida, pero es la única diferencia. En el sueño no hay gravedad, ni tiempo, lo que permite hacer piruetas y cosas así.

Cuando soñáis con una persona que no conocéis mucho, por ejemplo un antiguo compañero de trabajo, intentad observar la primera impresión que tenéis. Cuando veis a una persona en la calle, que no conocéis personalmente, tenéis una impresión: simpático, no simpático, esto, lo otro. Es esta primera impresión la que muestra el esquema que tenéis en vosotros: avaricioso, malvado, mezquino, es esto lo que se os muestra de vosotros mismos. Cuando son personas que conocéis, se os está pidiendo que hagáis averiguaciones. Quizás es la tía Tatín, o el primo Santiago el que hace esto o que se comporta de tal forma. Vuestra alma os muestra que están ahí, en vosotros, este tipo de memorias de comportamiento, y que es tiempo de comprender que si ese primo estaba allí, es porque era necesario, vosotros lo escogisteis.

Hay otros símbolos, como los *medios de transporte*. Si soñáis que conducís un *coche*, es la manera en la cual conducís vuestra encarnación. Si soñáis que sois pasajero y que es alguien más el que conduce, esto quiere decir que hay una memoria que os conduce automáticamente a comportamientos que no son los vuestros. Puede ser el papá el que conduce, o la mamá, o un primo. Cuando es algún otro el que conduce el coche, quiere decir que hay un esquema que conduce a la persona hacia un comportamiento que no puede dirigir ella misma, porque no tiene el volante.

Si alguien destruye un coche, quiere decir que hay una parte de nosotros que sabotea nuestro comportamiento de encarnación, una memoria que sabotea. Si no sabemos cuál es, podemos pedir saber cual es exactamente esta energía, y tener precisiones. En estos casos, yo me quedo en silencio, lo dejo venir, y viene.

Pregunta: ¿Y si de pronto el coche se convierte en un coche a pedales?

Ah, sí, eso es para mostrar que en la encarnación, quizás hay una memoria de ti en la que tú remas. También tenemos memorias en nosotros en las que nos gusta remar, de esta forma nos atribuimos un mérito.

Después, cuando soñáis que hay alguien detrás, pasajeros, estos pasajeros son memorias importantes de vuestro subconsciente. Por ejemplo hace 15 años, tuve un sueño en el cual estaba en un coche con mis padres detrás. Yo subía una cuesta, pero marcha atrás. Estaba evolucionando, en cualquier caso, pero desde luego no utilizaba la manera más fácil. Me mostraban que en mi mental había una complejidad que había que desmontar.

Las *dos ruedas*, es un lado del alma. El motero, es el cow-boy. Es alguien que quiere jugar a John Wayne, al conquistador. Son energías de dominación que tenemos en nosotros, en nuestro mental. La motocicleta también un poco, pero menos, y la bicicleta, es un pequeño esquema que da vueltas, muy mini, una migaja.

Los *aviones* significan a menudo energías intelectuales y mentales no ancladas, que hace que volemos hacia escenarios mentales inconscientes, que no tienen nada que ver con la realidad que debéis vivir. Yo he tenido sueños como estos, y los veo en personas que hacen este camino de investigación, pero que están demasiado en el emocional místico, en el lado extasiado; estas personas no están verdaderamente sobre la tierra y tienen a menudo sueños de aviones. Su mental hace que estén allí arriba, y si el avión se estrella o explota, el sueño os enseña que ese comportamiento inconsciente os va a traer pequeños 'crash', si es que no han llegado todavía. El agua diamante tiene tendencia a anclar, enraizar, y esto os va ayudar a estar más equilibrados.

¿Y cuando volamos, pero sin avión?

Eso depende. Pueden ser ejercicios de viajes astrales, yo los he hecho, quizás una preparación para más tarde, porque tendrás que hacer este tipo de intervenciones. A menudo es esto, pero hay otro tipo de interpretaciones.

¿Y cuando soñamos con escrituras en sánscrito?

Esto es porque has tenido vidas en la India, y que esto te vuelve. El alma te lo muestra para
que tu mental abra una puerta a la posibilidad de que hayas tenido vidas en la India.

Pero no lo llego a leer, va demasiado rápido.

No pasa nada. A veces vuestra alma os va a hacer soñar con una escritura egipcia, y vais a preguntaros por qué. Es para que el vehículo acepte que tuvo una vida en Egipto. El hecho de aceptar hace que se muevan cosas en las neuronas y en el mental celular, y otras memorias podrán así remontar después. Primero hay que aceptar, sino, la puerta se cierra.

Los *autobuses* representan la consciencia colectiva. No somos nosotros los que conducimos y somos obligados a seguir el trayecto de todo el mundo. Como en el tren, pero en el tren se está aun más rígido, menos flexible en la conducción. Esto quiere decir que en nosotros tenemos comportamientos de la consciencia de todo el mundo, que hace que tomemos un camino que es el camino de todo el mundo, y que hay partes de nosotros que no llegan a salirse de ahí. El día en el que soñéis que en el autobús no hay más que una persona, es que habéis hecho una buena limpieza, en el tren también. Los trenes, es una conducta de consciencia colectiva, por tanto ciertos esquemas que se comportan como la consciencia colectiva, pero sobre raíles, esto es, de manera más rígida.

Los *grandes barcos*, es lo mismo, es la consciencia colectiva de aquellos que se han creado un comportamiento para esconder su emocional.

¿Y cuando el barco vuela?

¡Ay, ay, ay, esto se complica! En ese caso es verdaderamente el mental que vuela por encima del emocional, y no lo quiere ver.

El *agua* representa el emocional. A menudo, cuando se trata del agua del mar, puede representar a la madre, y a la madre tierra, por tanto nuestra relación con la madre. Si este agua está congelada —si es hielo o nieve— significa que durante vidas y vidas, e incluso quizás durante esta misma vida, a causa de nuestro mental hemos enfriado nuestro emocional, no lo hemos expresado, no es fluido, se ha vuelto sólido.

Al principio, hace 15 años, soñaba que andaba sobre la nieve y pensaba que hacía un camino hacia la luz, porque todo era blanco. Pero es falso. Habían cantidad de emociones en mí que no expresaba: sufrimientos, cóleras que no sabía ni que tenía. Esto quiere decir que uno no siente ya ni sus emociones. Y si nos dicen: «Tienes esto en ti», diremos «No, no es cierto» porque no lo sentimos, está helado. Entonces en estos casos, hay que pedir el deshielo de estas cosas.

El *supermercado* significa la manera como nos nutrimos del inconsciente colectivo. Y sabéis que el alimento, Jesús lo dijo, es todo aquello que sale de nuestra boca, es todo lo que pensamos y como actuamos. Os voy a poner el ejemplo de una señora que sueña a menudo con nieve sobre la cual va caminando, ya que esta señora ha rechazado mucho sus sentimientos. Pero al mismo tiempo tiene una gran voluntad para evolucionar en el camino, y os voy a explicar el sueño que tuvo. Subía una pendiente con un coche. Esto es su camino. En un momento dado el coche se ahoga, la pendiente es demasiado empinada, y por tanto se ve obligada a hacer marcha atrás y estacionar en un parking de supermercado, donde descansa un momento. A continuación vuelve a partir, desciende por el camino, y se encuentra abajo una especia de estanque lleno de nieve embarrada. El sueño se para ahí. Le están mostrando que, mentalmente, quiere evolucionar, pero como no lo hace con el corazón, se va a quedar sin aliento muy rápido. Automáticamente vuelve atrás y se mete en un parking de consciencia colectiva —el supermercado— lo que quiere decir que durante un año o dos no hay nada más, quizás lee un poquito, pero no busca decodificar ni avanzar, y está bien, es necesario para que ella pueda descender después hacia la emociones sucias que han estado ocultas durante demasiado tiempo. Es un trabajo sobre las emociones el que debe hacer antes de remontar, y cuando lo haya hecho, va a subir toda sólita, sin quererlo.

Una *inundación* puede ser una parte de este emocional que ha sido rechazado, que va a remontar a la superficie y provocar una crisis emocional.

¿Y la inundación después de un terremoto?

El terremoto es un pequeño choque en la genética, por tanto el emocional va a salir. Te anuncia esto. ¿Has soñado eso esta noche? Esta bien. El terremoto es verdaderamente un choque que va a llegar a la genética. Pongamos que tu casa arde y que estás perturbado durante 3 meses, eso, es un terremoto.

Cuando soñamos que soñamos, es quizás un mensaje para decirte: Atención, en tu vida hay momentos en los cuales no estás presente. ¡Estas flotando!

He soñado que estaba en la orilla de un arroyo que tenía una cierta pendiente, el agua corría, muy bonita, y había delante mío una barca, pero girada, perpendicular, que era bonita, amarilla, se podría decir que como el sol.

¿El sueño fue tan corto como esto que cuentas? Porque a menudo hay un contexto. ¿Tuviste este sueño hace tiempo?

Dos o tres meses.

Es bastante reciente, pero parece que falta algo en este sueño. Esta barca amarilla, el color del mental, muy brillante y bonita... No, no te puedo decir nada, porque parece que falta un contexto. Algunas veces ocurre, que no tenemos más que pequeños trozos de sueños, porque hay otros trozos de los que no nos acordamos, y entonces siempre nos queda la duda.

Los animales.

El *gato* representa la sensualidad y el sexo, más bien femenino. Por tanto, si soñáis que hay un gato que os araña o que os hace maldades, quiere decir que una parte de vuestra sexualidad y sensualidad ha sido completamente ocultada, menospreciada, rechazada, y esta energía empieza a volverse malvada.

El *caballo*, en general, representa al ego, la voluntad de servir — es el animal de labranza. Es la voluntad inconsciente de servir y de ser esclavo del sistema. Cuando es un pura sangre, hay además un lado aristocrático, y portante se trata de servir al nombre, a las riquezas, etc. Por ejemplo, yo tocaba el piano hace tiempo, y he tenido de manera regular sueños en los cuales tocaba música. Y en el sueño, el hecho de tocar bien o mal muestra como toco mi vida. Pero si hubiera sido un jockey, me mostrarían que yo controlo el caballo, o que no lo controlo. De cualquier formar, el caballo significa siempre la voluntad del ego.

El *águila* es un animal que representa la lucidez, la clarividencia, y a menudo en la Biblia, la sabiduría, porque es un animal que puede desde muy alto, ver un pequeño ratón, puede ver muy lejos. Por tanto, un sueño nos muestra esta sabiduría en nosotros, esta energía de águila, y es suficiente aceptarla, saber que está ahí.

El *perro* es a menudo la posesión: ¡ni se te ocurra tocar mi hueso! A lo largo del tiempo se me han mostrado a menudo sueños con perros. Eran mis partes posesivas, a nivel de relación o de otro tipo.

La *serpiente* puede simbolizar la kundalini, Ida y Píngala, y las energías sexuales. Por ejemplo, cuando está cortada en tres trozos, quiere decir que los tres cuerpos, físico, emocional y mental, no han unido esta sexualidad; no está unida hasta lo alto, está cortada, separada.

¿Y cuando está plagado de serpientes?

Cuando hay muchas serpientes, es que has tenido vidas donde había abundancia de sexo. Cuando la serpiente se desenrosca, es que hay miedo de esta sexualidad cósmica en nosotros, porque ella se abre! Nos podemos quemar con esto.

Conozco una mujer de 30 años, que no tiene necesidad de su marido para hacer el amor —y a María esto le ha pasado ya una vez— es decir, que su hombre y su mujer interiores hacen el amor juntos, y ella se va hasta el orgasmo. Es a esto a lo que todos tenemos que llegar, hombres y mujeres.

El *mono* no sé lo que significa. Nunca he soñado con un mono, pero puede significar una manera de comportarse en la vida, un tanto bromista.

Un *salto al vacío*, significa también un salto al vacío, es decir, que te arriesgas, si esto te ha sido anunciado hace algunos meses, o incluso hace 2 años, de ir hacia un vacío, dicho de otra forma, que hay criterios mentales a los cuales estás agarrado para manejar tu vida, que se van a romper de un solo golpe y te vas a encontrar en el vacío.

Lo mismo cuando *saltamos al agua*, y notamos que respiramos el agua, quiere decir que en un momento dado, vamos a vivir un período difícil en el plano emocional, vamos a tener que sumergirnos en el emocional para ver que está pasando, y a veces esto nos da miedo.

El *ascensor* representa los cambios de plano de consciencia. Los pisos de las casas podrían ser los niveles de los chakras: primero, segundo, tercero, etc. Si estáis en un ascensor y os vais abajo, es como si os dijeran: ves a ver aquello que hay en el sótano, en tu genética, en los cimientos.

Cuando pedimos ayuda a una persona, es porque las memorias que debemos ir a ver tienen una relación con esta persona; como es a esta persona a la que pedimos ayuda, son los esquemas de esta persona los que nos van a ayudar a discernir y a identificarlos en nosotros mismos.

Pregunta: Yo he soñado que me mudaba y que había olvidado cosas en mi antigua casa.

Esto quiere decir que te has olvidado de ver cosas en relación con un esquema que estaba en el
antiguo espejo.

Las *casas* en general, significan todo vuestro ser. Si soñáis con la casa de vuestros padres, os enseñan : atención, tienes que volver a la casa a ver aquello que aun tienes en ti, como viejos esquemas de los padres.

En general el *granero* significa la parte espiritual. Las *habitaciones* son las partes donde aun dormimos. Si veis a vuestro marido hacer el amor con otro hombre, quiere decir que en vuestro hombre interior, hay una parte de homosexualidad masculina en vosotros que duerme y que no conocéis todavía. Cuando hay un suceso, o una discusión que se produce en una habitación, es algo que está profundamente dormido en vosotros y que no habéis visto todavía, y es tiempo de tomar consciencia de esta cosa.

Cuando soñáis con *el cuarto de baño*, es el lugar donde nos limpiamos, donde nos purificamos. Algunas veces, en este caso, soñamos que hay 15 personas dentro, es decir, que hay un montón de esquemas que se empujan para limpiarse y parece que no tenemos ninguna intención de movernos. A veces la bañera está tapada. Entonces hay que pedir qué significa el tapón.

Los *lavabos*: es el lugar en el cual eliminamos el emocional y los excrementos, por tanto todo lo superfluo. Aquí, es lo mismo, pueden estar tapados, o tenemos que hacer cola y ésta no avanza nunca.

Los *pasillos*, significan complicaciones mentales para ir de una sala a otra, es decir, de un lugar de la conciencia a otro. A veces vamos a buscar demasiado lejos, y no encontramos. En estas historias de los esquemas, no hay que buscar. Simplemente hay que hacer la pregunta y esperar la respuesta.

El *recibidor*, es el lugar en el que acogéis a los otros. Es el lugar donde os ven y donde acogéis a las personas. A veces pueden pasar cosas en los sueños.

El *comedor* es el lugar donde comemos. Por tanto ¿de qué me alimento? ¿Me alimento de pensamientos puros, llenos de amor, de emociones limpias? Si veis que en vuestro plato hay cosas no muy buenas para comer, hay que investigar y saber qué es.

La *cocina* es el lugar en el que fabricáis vuestros pensamientos y vuestras emociones. Es el lugar del funcionamiento mental reaccional, que hace que vayamos a comer en el comedor alimentos que han sido fabricados en la cocina de manera robotizada por nuestras reacciones.

El *sótano* son las energías de abajo, la energía sexual. Podéis soñar que en el sótano hay arañas, que está sucio, etc. Por ejemplo, un día una mujer que soñó que bajaba a un pozo, por tanto a *la tierra; esto significa la genética. El agua es emocional. El aire es el mental.* Ella bajaba a una cueva, y en esta cueva había un cura en bicicleta. Y este cura le puso un collar y pulseras con códigos de barras. Esto quiere decir que ella estaba controlada por las fuerzas de la oscuridad, con ese famoso implante del cual hablamos un poco ayer. Cuando salió, se encontró atascada y se encontró con una energía amerindia que la liberó. ¿Qué quiere decir esto? Es que en vidas religiosas pasadas, ella se hizo tomar por manipuladores que no estaban en la luz, que pusieron un virus informático en su ADN, lo que hace que después de vidas, incluso haciendo un camino, estuviera siempre mantenida por las fuerzas de oposición, y que un día, gracias a los esfuerzos que hacía a lo largo de numerosas vidas, va a reintegrar esta energía amerindia que la va a liberar. Es verdad que en su familia tiene muchos airas, seminaristas o similares, y tiene un primo que trabaja en una tienda de pornografía, ¡vaya contraste! Pero esto va unido. Y si hablo de esto hoy, es porque en esta región, existen estas dos energías: la austeridad ascética de la religión, que impone una pureza austera, lo cual da nacimiento —como en el más y en el menos que ya hemos hablado— al resurgimiento del libertinaje sexual, alimenticio, o cualquier otro.

Intervención: En mis sueños, siempre falta un lado de la casa. Puedo estar en un paisaje magnífico, de vacaciones en un hotel, no importa, pero busco la seguridad, me da ansiedad.

Aquí te muestran que en tu casa interior hay un miedo de estar en la inseguridad. Con un sueño como este, yo pondría la intención en el agua diamante de tener una plena confianza allí donde esté, de sentirme un ser eterno, divino, y que no teme nada.

El implante neutral se manifiesta allí donde las memorias opuestas se complementan en un tercer elemento que las neutraliza. Si el implante neutral (tercer elemento) interviniera brutalmente en vuestros esquemas contrarios para fusionarlos, no lo soportaríais. Por tanto si pedís el implante neutral, el mecanismo se pone en funcionamiento, pero hay que observar. Lo que siento, es que no hay ningún sistema que hará el trabajo en vuestro lugar. En el cielo hay montones de arcángeles, de ángeles; sobre la tierra hay muchos maestros, hay diamantes, está el implante neutral de Kryon... Nos gusta pedir, no estamos en el sistema de las aspirinas espirituales, eso no existe. Los supositorios a la católica, ya no existen en nuestra consciencia. No podemos. Hay que tomar consciencia, aceptar, acoger, amar, para cada cosa que cada uno tiene en sí mismo. Somos un puzzle, y hay que intentar ver qué es cada pieza del puzzle. Pero si tenéis la intención de ver quienes sois, de que estáis compuestos, y de transformar todo esto, solo esta intención ya va a transformar vuestra vida.

Cuando nos despertamos brutalmente de un sueño, el aura no tiene el tiempo de reintegrar el cuerpo, o quizás a las memorias cerebrales les falte un poco de flexibilidad y no llegan a almacenar ese sueño. Es mejor quedarse en el sueño mientras nos despertamos, para poderlo guardar en la memoria, después levantarse y guardar un punto de recuerdo para no olvidarlo. Si no, nos levantamos, hacemos pipí y se acabó, lo perdimos. Hay que mantenerlo, pero a veces nos despertamos de formar nerviosa, y en ese caso saltamos de la cama de golpe, esto también me pasa a mí.

Parece como si fuera una falta de vitamina B6.

Puede ser que sí. Lo más frecuente es que sea debido a condiciones físicas más que a condiciones energéticas o espirituales.

Cuando tomo la flor de Bach Cerato, me acuerdo mucho mejor de mis sueños.

Bueno, pues entonces, flor de Bach Cerato. Hay personas que ponen el agua diamante en una vasija de cristal, en la cabecera de la cama, y dicen que así se acuerdan mejor de los sueños y que duermen mejor. Yo tengo una en la cabecera de mi cama, y es cierto que el cerebelo se recarga mejor.

Una persona me pide que hable del implante o de los implantes que habrían afectado a nuestro vehículo en la Atlántida.

Parece ser que en la Lemuria, es decir, hace tres o cuatrocientos mil años, hubo una escuela de sublimación de la sexualidad, que volvía a las personas inmortales. Cuando la Lemuria entró en decadencia, ya habían varios centenares de inmortales, que fueron a poblar la Atlántida, al otro lado del continente Americano, el cual no se parecía en absoluto a lo que es actualmente, y allí continuaron con la formación de iniciados y a conseguir cada vez más inmortales, por la trascendencia del sexo. En aquella época era posible. Tenían toda una técnica absolutamente increíble, de la que apenas conocemos algunos pequeños detalles. Fue el inicio del Tantrismo.

Y allí parece ser que otro pueblo, venido de otro planeta, muy avanzado tecnológicamente pero nada avanzado en el plano del amor, vino a instalarse al sur de la Atlántida, en las Bermudas. Y los Atlantes, que somos todos nosotros, aceptaron que ese pueblo viniera a vivir allí. Pero poco a poco, esas personas, que eran de hecho Marcianos, empezaron a seducir a los Atlantes con la idea de cambiar el

ADN del vehículo, diciéndoles que de esta manera mejorarían la vida. Actualmente oímos el mismo discurso, bajo la cobertura del progreso. Algunos mantienen que está bien hacer investigación sobre las células de embriones, que esto permitirá curar el Alzeimer, etc. Es el mismo lenguaje, pero por detrás pasan cosas mucho más importantes.

Y entonces, lo que pasó, es que científicos atlantes, con personas de allí, empezaron, bajo el pretexto de servir a la humanidad, a implantar la sexualidad en el hará. Hay un implante que fue introducido en los átomos seminales del alma, para bloquear la sexualidad femenina. Pero los Atlantes no lo sabían. De hecho jugaron a aprendices de brujo, bloqueando la sexualidad femenina para que nuestra sexualidad se mantuviera en un estadio mamífero, en un estadio animal. Y actualmente aun sigue ahí.

Ya que si llegamos a este androginado y a hacer subir esta energía sexual, nos volvemos inmanipulables, y somos capaces de hacer cosas que Jesús hacía hace 2000 años y que cantidad de Maestros en el Tibet y en otros lugares han hecho, como materializar cosas, teleportarse, etc. La materia no presenta resistencia cuando el fuego cósmico la ha transformado.

Entonces pusieron un virus y un implante, y algunos de entre nosotros colaboramos con ese karma, yo ente otros, sino yo no habría hecho el agua diamante para repararlo. Por tanto nosotros hemos colaborado en la caída, ¡y hemos perdido 25.000 años! A decir verdad, no hemos perdido nada pues el tiempo no existe, ¡pero haría ya 25.000 años que seríamos más felices, en cualquier caso! Cuando pensamos en tiempo y en espacio, todo esto no es precisamente poca cosa. Parece que este implante no es transformable. Voy a contaros el sueño que tuve, que me mostró la presencia de este implante. Este implante viene del 11 universo. Parece que hay 12 universos, y que nosotros estamos en el 12.

Hace 3 años soñé que tenía 12 vasijas, y que en cada uno colocaba una gran judía o alubia. Los 10 primeros potes dieron orquídeas, lotos, muy altos y muy hermosos. Del pote 11 salió una cabeza de jabalí —esto es el lado animal. Yo tomé esta cabeza, se cayo por el suelo, y se volvió un pequeño diablo, con pequeños cuernos y una cola bifurcada. Este pequeño diablo se implantó justo en mi hará. Y yo le decía: «Yo te amo, te envío el amor y la luz». Cuanto más decía esto más se reía de mí. Y ahí comprendí que no era transformable. Al final del sueño le apunté con mi dedo y le dije: «Ahora, yo soy Cristo, por tanto muere», y explotó en pedazos como un parabrisas de un coche.

En consecuencia es algo que se debe romper; no es transformable. Ese diablo no es exactamente el implante de la Atlántida del cual he hablado, sino el implante de Lucifer, de ese 11 universo, parece ser, que fue implantado en todas las almas para que pudiéramos conocer el libre albedrío. Pues, ¿cómo podríamos conocer el libre albedrío si no hubieran habido voluntarios que quisieran actuar contra Dios, para que nosotros pudiéramos elegir?

Ellos decidieron estar contra Dios para crear el 12 universo. El problema es que algunos no volvieron a la luz a tiempo. Se quedaron atascados. Estos son los grises. No son los negros ni los blancos, son los grises. Esos, están destinados a la segunda muerte, en el géhenne. Es a ellos a los que llamamos el diablo. Pero la verdadera oposición: el mal, es la mano izquierda de Dios; no es para negarla; es para amarla y para ligarla al blanco pero crear la tercera fuerza: el ser. El gris, es un caso diferente. Es alguien que ha fosilizado un poco de negro y un poco de blanco, que ha creado un robotismo y a perdido completamente su individualidad.

¿La raza blanca va a desaparecer?

Habrá un cambio. Nos ha sido dicho que en la nueva era todo se va a transformar, incluso nuestra dentición, ya que no vamos a comer más tal y como comemos ahora. Se acabaron las cocinas. Mi profesor de naturopatía decía: «Dios ha hecho el alimento, y el diablo la cocina». Había que vivirlo también, pero no comeremos nada más cocido, eso se acabó. No podemos seguir comiendo muerte en un mundo de vida, no es posible.

¿Que hacer con este implante?

Como al final de mi sueño: ¡le das la orden de morir! Pero yo ya lo he probado 50 veces, y no funciona. Es necesario que espere el momento apropiado, es decir, a que todas mis células sean Cristo. Quizás tenga ya un 50%, pero el resto aun no lo son. Mientras que yo esté en esa incapacidad, no funcionará. No es evidente toda esta historia, porque se nota ese núcleo que lucha todo el tiempo. Es una verdadera batalla del Grial.

SEGUNDA PARTE

Capítulo I

Dialogo entre Alphonso Escéptico y Jean Dorion

Alphonse Ceptic es un periodista, un hombre de buena voluntad y valiente que viene a entrevistar a Jean Dorion en relación con sus investigaciones. Él no oculta su escepticismo pero acepta con honestidad reflexionar sobre lo que sigue.

[A.E.] Buenos días Sr. Dorion, encantando de verle para este diálogo.

[J.D.] Gracias por el interés que trae a mis trabajos, intentaré ser lo más explícito posible. Por favor, tome asiento.

[A.E.] Gracias, hmmm ... ¿por donde vamos a empezar?

[J.D.] Dígamelo usted, usted es el portavoz del señor todo el mundo anclado en su funcionamiento.

[A.E.] Precisamente, que quiere usted decir con: « anclado en su funcionamiento?»

[J.D.] Gran pregunta para empezar, ¡está usted en forma! Desde mi perspectiva, puedo discernir a aquellos que funcionan moldeándose de acuerdo a las normas del sistema; a aquellos que se rebelan y caen en un funcionamiento inverso; y existen también seres que se dirigen hacia una vía caracterizada por la manifestación de su creatividad, en esto los artistas nos llevan un cierto camino de ventaja.

[A.E.] ¿No estamos acaso forzados al funcionamiento? ¡Que caos si nadie aceptara ser un engranaje de la sociedad!

[J.D.] Bien entendido, en la materia hay una obediencia a las reglas para evolucionar con una cierta armonía. Pero hay todo un mundo entre participar conscientemente con amor a través de los funcionamientos, y ser un esclavo. Por ejemplo: si usted cumple con sus tareas cotidianas en un estado de presión, por la fuerza, usted no está feliz y con el tiempo estará usted triste, viejo, enfermo eventualmente. Si trabaja usted en hacer consciente el hecho de que usted crea, que expresa la creatividad de su totalidad, entonces la alegría, la ligereza y la sonrisa le enriquecen.

[A.E.] ¿Cómo ha llegado el hombre a ser infeliz, a estar encajado en las dificultades?

[J.D.] El hombre cree que solo es una personalidad caminando sobre la tierra. Cuando es un niño, le inculcamos reglas sin decirle que son normas necesarias para su desarrollo. Les rellenamos con «saberes» en la escuela, y de juguetes en la casa. No recibe a menudo la calidad del amor que desearía. A veces se pasa horas delante de la televisión, anestesiando el músculo de su inteligencia. El niño no crea suficientemente, se siente inferior al adulto y entra en un sistema de sumisión, «porque son mis padres», lo que puede llevar a la famosa rebelión de la adolescencia, fruto de una infancia artificializada.

[A.E.] ¿No es este el orden normal de las cosas? ¿No ha sido siempre así?

[J.D.] Sí, es así desde hace siglos, poniendo aparte las expresiones que difieren según las modas y las tecnologías presentes en cada momento. Esta programación desde la infancia era necesaria y normal, como usted dice, pero se vuelve cada vez más apretada a medida que la conciencia aumenta. Podemos avanzar que, desde hace algunos decenios, la educación y la instrucción de los niños no está a la altura de su potencial de vida ni de su inteligencia.

[A.E.] Entonces, ¿dice usted que el hombre tiene una visión errónea de él mismo a causa de la educación y de la instrucción? Pero entonces ¡está denunciando a todo el sistema! No estoy de acuerdo con usted, ya que lo que se hace me parece de calidad.

[J.D.] Bueno, yo diría que el hombre tiene una visión, sino errónea, en todo caso incompleta de sí mismo. Constato que el sistema educativo y de instrucción tiene su raíz en un estado de consciencia que actualmente se ha vuelto estéril, debe cambiar para cubrir la demanda de los jóvenes humanos.

[A.E.] Comprendo cada vez menos, señor, ¿qué es un estado de consciencia?

[J.D.] ¿Está usted consciente de estar sentado en ese sofá?

[A.E.] ¿Se está riendo de mí?

[J.D.] En absoluto, si estuviera usted dormido, no sería consciente de estar sentado en el sofá.

[A.E.] Su razonamiento es simplista, ¡si pudiéramos pasar a cosas más serias!

[J.D.] No sería usted consciente del color de su jersey si fuera usted ciego, y le podrían decir que es azul, rojo o verde y usted lo aceptaría como verdad.

[A.E.] Lo siento, tengo una buena vista, ¿cómo se va usted a salir ahora de esto?

[J.D.] He entrando voluntariamente en este diálogo banal para decirle que la consciencia es análoga al órgano de la visión, y que esta puede ser nebulosa o desarrollada ventajosamente para felicidad del hombre.

[A.E.] Entonces ¿en qué no nos conviene el sistema actual?

[J.D.] Me gustaría mostrar delante suyo los slogans que sostienen y encuadran la mayor parte de los comportamientos colectivos individuales, si consideramos que una suma de individuos funcionando de un mismo modo constituye una masa comportamental robótica de una consciencia colectiva.

En la familia : « Nosotros somos tus padres, tú debes hacer lo que nosotros deseamos para ti. Nosotros somos la autoridad, la sabiduría y tenemos más experiencia. Tú debes trabajar en la escuela para tener un buen trabajo y una buena cuenta barcaria, de esta manera podremos estar orgullosos de ti ».

El niño recibe imágenes de posesión, de apego, de sumisión a la autoridad, de veneración hacia sus padres. Le programamos para que trabaje en la escuela con un objetivo interesado y no en la apreciación inmediata de un trabajo que le aporte la disciplina y la estructura psíquica. Y en consecuencia se ve empujado a la competición, a la avidez, al arrivismo, etc.

En la escuela : « Descendéis del mono, vuestra memoria nos interesa. Vais a aprender cantidades increíbles de « como funciona esto » pero eliminad del vocabulario el « por qué es de esta manera ». En los miles de millones de estrellas, solamente la tierra está habitada. Todo lo que los sabios dicen es cierto, etc. »

En la religión : « Habéis nacido en el pecado. Por suerte, el Cristo vino, si no … Nosotros somos los intermediarios entre Dios y vosotros, ya que vosotros no sois capaces de interceder por vosotros mismos. Cuando moris, vuestra alma va al cielo, con los angelitos, etc. »

En la salud : « El hombre es omnívoro como el cerdo. Podéis comer de todo. Ya que la enfermedad viene de los microbios. Nosotros, como los religiosos, tenemos el conocimiento para llevaros a la salud. Por tanto venid regularmente a la visita como hacéis con vuestro automóvil, etc.»

[A.E.] Vaya, ¡es una santa lista !

[J.D.] Sí, ¡pero no una lista santa ! Aquí tenemos simplificado lo que inculcamos a los jóvenes humanos. Una vez adultos, funcionan sobre estas bases, ya que piensan que deben conseguir hacerse un hueco en la sociedad antes de volverse viejos y enfermos. De esta forma sacrifican el tiempo necesario para el conocimiento de sí mismos, y lo invierten en perseguir una quimera. O bien, rechazarán el sistema en bloque para volverse delincuentes notorios.

Este sistema de consciencia tiene por estructura la palabra TENER. Entonces para TENER hay que moverse para un FUTURO mejor que el PASADO. Esto conduce al ÉXITO o al FRACASO. La apreciación del momento presente no se expresa más que en las dependencias y los placeres inmediatos. Este nivel de consciencia se llama: « La Consciencia del Árbol de la Muerte ».

[A.E.] Sin embargo, el éxito es interesante para mí.

[J.D.] Usted lo ha dicho, es interesante para tapar los miedos de la inseguridad, para evitar la vergüenza en las miradas de los otros, y bombear la amistad del entorno, Es muy interesante para su imagen, es decir, para la mentira protocolaria que es la que hace publicidad de su personalidad.

[A.E.] !Ya basta, ya basta! Está usted siendo duro conmigo, creo que me voy a ir a mi casa, empiezo a estar cansado. Ya le volveré a ver cuando haya digerido todo esto. Hasta luego.

[J.D.] Una sugerencia: quite la letra « I » de la palabra IMAGEN (*IMAGE en francés*). Solo le quedará la palabra MAGO (*MAGE en francés*). Hasta pronto, espero.

Capitulo II

[J.D.] Buenos días, Sr. A.C., ¿Qué tal está?

[A.E.] Después de pasar por algunas turbulencias, ya estoy mejor. Hubo en momento en el que os maldije, y después, tras hacer una reflexión, constaté que efectivamente el sistema actual tiene tendencia a robotizar al ser humano.

[J.D.] Bien … felizmente muchos seres como usted se preguntan sobre aquello que realmente son y empiezan a encontrar respuestas satisfactorias. El fenómeno de las sectas nace de este despertar espiritual, rápidamente utilizado por «gurús » mas o menos bienintencionados, a veces sinceros, pero engañados por su propia ignorancia.

[A.E.] ¿Cómo definiría usted una secta?

[J.D.] Este nombre viene de una palabra latina que significa « SEGUIR ». Las personas que quieren salir del primer nivel de consciencia mencionado en el primer capítulo, a menudo no son capaces de avanzar por sí mismos, por ejemplo leyendo la abundante literatura disponible y examinándose ellos mismos en su fuero interno. A partir de este hecho, se encaminan hacia enseñanzas de grupo enunciadas verbalmente, volviéndose satélites de los autodenominados maestros. Estas enseñanzas son útiles, a veces ricas y profundas. Pero pueden volverse una trampa para aquellos que se quedan fijados en ellas, apegados a estas enseñanzas y a los enseñantes que las promulgan.

[A.E.] ¿De esta manera vuelven a entrar en un funcionamiento, expresado de forma diferente?

[J.D.] Exactamente. Abandonan el funcionamiento colectivo del primer nivel de consciencia para entrar en el segundo nivel, llamado: « Consciencia del conocimiento del árbol del bien y del mal». Las personas en este nivel, aun no pueden deshacerse del robotismo programado en sus diferentes cuerpos, de igual forma, a veces entran en este nivel 2 rechazando, detestando a veces el nivel de consciencia del primer nivel. Dentro de este entusiasmo místico-emocional, estos seres abandonan a veces sus familias, sus empleos por ejemplo, motivados por un rechazo radical de todo aquello que constituye el funcionamiento colectivo.

[A.E.] ¿Por qué el árbol del conocimiento del bien y del mal? Las personas del primer nivel (árbol de la muerte) ¿acaso no tienen ellas consciencia del bien y del mal?

[J.D.] Sí, pero hay una diferencia, y es bastante grande todo y ser sutil. Los seres que viven en el primer nivel de Consciencia funcionan según el bien y el mal decretados, decidido por las normas de la religión, de las costumbres y de la familia. Por ejemplo, hay prácticas consideradas como malas en Europa y como buenas en África. Ser polígamo es normal entre ciertos pueblos mientras que en nuestro entorno no se puede aceptar como algo bueno para el ser humano. En la etapa siguiente, el ser se deshace progresivamente de esas normas, a veces de manera brutal, mediante la rebelión. Él percibe progresivamente sus propios criterios y determina lo que está bien y lo que está mal para sí mismo, y no para satisfacer la imagen que le fue mostrada en su infancia. Comprende poco a poco que su expansión se efectúa en la concretización de aquello que él es, y no de aquella que posee como saber, como erudición o en forma de bienes materiales. Este pasaje dura varios años, mediante muchos tanteos y confusiones, ya que al principio se trata de reconsiderarlo todo a la luz de una visión más lúcida.

[A.E.] En el mundo concreto, ¿cuales son los cambios visibles en la vida de una persona así?

[J.D.] Estas personas se dirigen eventualmente hacia medicinas más dulces o energéticas y se vuelven más distantes hacia la alopatía. Manifiestan progresivamente amor por su cuerpo físico y empiezan a cuidarse a sí mismas. A menudo con la elección de una alimentación más vegetariana, a veces biológica.

[A.E.] ¿Y estas elecciones aportan realmente beneficios o es acaso una moda para gente naif? ¿Acaso la medicina oficial no es la más competente?

[J.D.] La alopatía considera que la enfermedad es una fatalidad y que el hombre es víctima muy a su pesar, que hay que tener miedo y que hay que protegerse. Explica también que la enfermedad viene del exterior a través de los microbios, los virus, etc. Este tipo de filosofía atrae a todas las personas del primer nivel de consciencia, que consideran que todos sus problemas vienen del exterior, por azar. La alopatía responde entonces a esta demanda. Si el pueblo se mantiene dentro de un estado de víctima, atrae a los salvadores, que son la medicina a este efecto, los sindicatos, los partidos políticos, las religiones, las sectas y las dependencias afectivas, sexuales, etc ... Los verdugos a combatir son los microbios, los bajos salarios, el alcohol, la droga, la prostitución, etc. Puedo decir que, en relación a los métodos de curación, la alopatía ocupa una posición justa y necesaria, rindiendo servicio a esta masa colectiva.

[A.E.] ¿Por qué aquellos que abordan el segundo nivel de consciencia cambian de medicina?

[J.D.] Estas personas se desprenden progresivamente del triángulo verdugo—víctima-salvador. Comprenden que el cuerpo físico no es un bolso sino una obra de arte altamente perfeccionada y que hace falta cuidarla a través de la higiene alimentaria, la higiene psíquica, el ejercicio, etc. A partir de este hecho, se responsabilizan cada vez más. Toman acciones concretas para la mejora de su bienestar. Durante un tiempo, más o menos largo, visitan regularmente a médicos y terapeutas, de un tipo diferente, para comprender mejor el funcionamiento de su cuerpo. En ese estadio, aun hacen falta salvadores ¿verdad? Pero estos abordan normalmente con sus pacientes un diálogo constructivo con el objetivo de volverles progresivamente independientes, si el móvil de su profesión esta fundado en el amor al prójimo.

[A.E.] ¿Podemos abordar ahora la tercera etapa?

[J.D.] ¿Quiere decir el tercer nivel de consciencia?

[A.E.] Sí. El del conocimiento del árbol de la vida. Esto empieza a interesarme.

[J.D.] Muy bien. A medida que la sabiduría y la madurez crecen, el ser humano empieza a discernir que el mal no es algo a perseguir ni a rechazar. Progresivamente, deja las armas y cesa de luchar contra aquello que consideraba ser malo o injusto. Con este hecho, entra en un período de aceptación, en relación con aquello que le molesta, y ahí, empieza un verdadero trabajo que le conduce hacia la soberanía de su propia vida. Ya no habla más de «porvenir», sino de «devenir», ni de «tener» sino de «ser», no más de «éxito y fracaso» sino de «realización». Con el tiempo, toma consciencia de que las situaciones que le perturban y que le bloquean su expansión no son más que proyecciones de su subconsciente las cuales, a menudo, ocurren con su conocimiento, a pesar suyo. En ese momento empieza a repatriar hacia sí mismo aquello que ve en su entorno, y después de haber identificado aquello que provoca la situación, acogerá esta memoria subconsciente la cual se transformará, por la alquimia del corazón, hasta las memorias contenidas en el nivel celular. Con alegría, verá la situación liberarse para su beneficio, sin haber tenido que actuar de ninguna forma en el exterior.

[A.E.] Espere un momento, esto no lo entiendo, ¿podría poner un ejemplo?

[J.D.] Con mucho placer. Yo tengo un par de amigos en Francia que consideraban la posibilidad de comprar una casa adecuada a sus actividades. El problema consistía en que era necesario vender primero la casa que habitaban en ese momento para disponer de los fondos necesarios para la compra de la futura casa. Varios posibles compradores fueron pasando, sin resultado positivo. Un día, una pareja se mostró muy entusiasmada con la posible compra de su casa, pero la señora lo rechazó porque decía que «estaba demasiado cerca de sus padres». Esta pareja de amigos, decepcionados por esta reacción y viendo el plazo acercarse en relación con la firma de su futura residencia, se preguntaron a sí mismos acerca de la reacción de esta señora. «¿Acaso tenemos nosotros todavía rechazo hacia nuestros padres? No olvidemos que ellos vivieron en la ciudad, y que a veces hemos tenido situaciones difíciles con ellos». Estos amigos aceptaron que en su subconsciente habían apegos, rechazos y rencores no borrados. Con entusiasmo del corazón, agradecieron interiormente a esta eventual compradora que les hubiera mostrado ese bloqueo que impedía la venta de su casa. Utilizaron el Agua Diamante para desprogramar esto de sus propias células y algunos días más tarde, vino una visita que les compró la casa.

[A.E.] ¿Y siempre es tan fácil?

[J.D.] No, ya que hace falta el amor del corazón, sin juicio y por tanto sin reacción alguna para que la alquimia tenga lugar. Y a veces, entre el hecho de aceptar y el hecho de acoger, las reacciones de cólera y otras impiden la transformación interior. Hay que esperar a que estas reacciones se calmen.

[A.E.] Por tanto, si lo he entendido bien, el otro es un medio que nos anuncia más o menos duramente lo que tenemos en nuestros propios registros celulares.

[J.D.] Exactamente, veo que es usted menos escéptico a cada momento que pasa.!Me alegro!

[A.E.] ¿Y en relación al cuarto nivel de consciencia?

[J.D.] Voy a intentar hablarle de ello, aunque yo soy debutante en ese pasaje. En ese estadio, el ser humano no se identifica más con la forma en la cual ha encarnado, ni con el alma encarnada. Se encuentra en un espacio de supra-consciencia, dotado de un supra-mental. Se siente todo amor en un perpetuo estado de presencia subyacente a la forma, teniendo en cuenta que el átomo ya es una forma. Dicho de otra manera, para él la materia es un sueño, una ilusión que ha elegido experimentar con el fin de subir los escalones de su propio desarrollo. Se siente realizado y consciente de la PRESENCIA que invade el vacío entre los átomos, se siente presente en todo aquello que és y se derrama en todas las cosas. En ese estado de consciencia, él ve detrás de las apariencias y discierne la extrema perfección sagrada que rige los sucesos de su vida y del mundo que le rodea. Ese nivel se llama: «El conocimiento del árbol de la inmortalidad».

[A.E.] No puedo comprender esto que me dice, aun tengo camino por hacer para llegar allí, pero me voy a poner manos a la obra.

[J.D.] ¿Sabía usted que su actitud escéptica al inicio de esta entrevista manifestaba una memoria de incredulidad en mi subconsciente?

Le agradezco que me la haya mostrado. Estoy contento de saber que ella se ha transformado de una manera formidable.

[A.E.] Bueno, pues bien dicho entonces, !No deja usted escapara ni una!

[J.D.] Hasta pronto querido amigo, !y buen viaje hacia ti mismo!

TERCERA PARTE

Capitulo I

Hay dentro de la generación actual y de aquellas que están por venir, una descendencia real exenta de todo karma. Esos seres han demostrado a lo largo de vidas el compromiso hacia el Creador de los universos.

Ellos han lavado su ropa en la sangre del cordero, han sido perseguidos en el Nombre de Dios.

Aunque hayan encarnado en vehículos corporales imperfectos, ellos van pronto a revelarse como mis representantes sobre la tierra.

!No les admiréis, no les veneréis! Ya que ellos no son sin defecto ni esclavitud, debido a esta carne sumergida desde hace tiempo en la mentira.

Pero respetad los mensajes que anuncian, las ciencias que transmiten, el amor que comparten. Ayudadles a permanecer en pie en la adversidad y las tentaciones.

La resolución final está próxima, ahora es necesario que os arméis de amor y de confianza en vuestra fuerza interior hasta ahora anestesiada. No tengáis miedo de perderlo todo para ser el ser que ya sois sin saberlo. No temáis ir más allá de las dependencias a los conformismos, a las tradiciones y a las presiones expresadas por los sistemas familiares y sociales.

Formáis parte de esta numerosa familia generada por el Cristo planetario en tanto que segundo « Adán », ya que habéis adquirido las características necesarias bebiendo su sangre y comiendo su carne. Vuestra carne, vuestro cuerpo físico empieza a parecerse en todo a esta consciencia de alto nivel y Su Alma corre por vuestra sangre. El maestro Jesús fue el primero nacido y el ejemplo poderoso de la cualidad del amor invencible que se vierte en vosotros.

Entre vosotros, algunos tomaran consciencia de su status y del rol que han decidido jugar sobre el escenario mundial. Serán primero 12, después 26, después 54, para llegar a ser 120 y acompañar a AQUEL QUE VIENE.

En el proceso, vivirán una relocalización geográfica y un reajuste de sus competencias. Más tarde, el número de 120 será completado por aquellos y aquellas de las jóvenes generaciones que en el tiempo, habrán muerto.

Cuando su número sea revelado, serán llevados a un navío donde reside su yo-superior respectivo. Son esperados para vivir una metamorfosis que les investirá de incorruptibilidad y de capacidades esenciales para permitir la salvación de aquellos y aquellas cuyo corazón tiembla al amor de todo lo que es.

Poco a poco percibiréis que no hay sino un solo hombre en evolución sobre el planeta, y que cada humano constituye una célula de su cuerpo material. Los humanos no encarnados componen su cuerpo de anti-materia.

El segundo Adán Crístico es una célula-germen de todo el plan potencial de este cuerpo, conteniendo el Alfa y el Omega; el comienzo y el fin de la historia humana a partir del sueño original del Creador.

Como todo sueño o idea, la aplicación en la creación materializada necesitaba de bocetos que se iban afinando en ciclos incalculables según vuestra comprensión del tiempo. Los residuos resultantes de los periodos de refinamiento son, en cada fin de ciclo, reciclados en la materia mineral. Se trata aquí de la segunda muerte o géhenne de la cual habla el maestro Jesús.

En el caos que emerge actualmente, constatáis la locura y la ininteligencia manifestarse a través y por las groseras escorias del cuerpo del hombre planetario.!No las censuréis! Son las cenizas residuales de vuestra purificación, pero, las brasas aun no están extinguidas, se han reavivado momentáneamente con el fin de perfeccionar el refinamiento en curso y de quemar el recubrimiento de las memorias falsas. Ahora veis por qué el diablo y sus demonios son representados en un decorado de fuego perteneciendo al infierno.

Los seres opuestos a la evolución y que manipulan a la humanidad representan este diablo del cual hablamos, y os hacen vivir vidas a veces difíciles, como en el fuego, con el fin de que vuestras memorias celulares que se les parecen, sean consumidas y que vosotros podáis resurgir purificados.

Este diablo del cual habla el Apocalipsis capítulo 12:12, constituye esta categoría, esta parte del cuerpo planetario que ha perdido el poder de volar y de dejar la tierra. Están animados por una gran cólera pues ven la trampa cerrarse sobre ellos.

Os sugiero estar atentos para que las llamas de estas cenizas diabólicas no se os lleven mientras dure la activación actual.

El diamante crístico que sois necesita de un sólido anclaje en la tierra y así, la extirpación progresiva de la corteza ilusoria se efectuará sin destruiros.

¿Os habéis percatado del funcionamiento del cuerpo humano?

Cuando coméis, vuestro sistema de alquimia digestiva transforma el alimento destruyendo la forma, y a continuación distribuye aquello que las células necesitan y descarta lo superfluo.

El cuerpo humano planetario come los alimentos de sus pensamientos, palabras y acciones y después elimina normalmente la forma que se recicla en la materia energética.

Ha ocurrido muy a menudo que la humanidad confunde la forma con la esencia que la compone, creando así un estreñimiento de sus recuerdos agradables o no. Esto da lugar a rituales y ceremonias repetitivas vaciadas de su energía y de su sentido original, del cual se deleitan aquellos que se postran delante de las imágenes.

Dejar ir las formas quiere decir: olvidar los rituales de la tercera dimensión; no meter el nuevo conocimiento en las viejas formas de funcionamiento, como el nuevo vino en los odres viejos.

Perded la memoria compilativa y lineal que contabiliza las formas sucesivas del pasado al futuro ocultando el presente.

Cerrad la puerta a todo aquello que brilla, a todo aquello que encanta y seduce. Estad en la verticalidad del momento fuera del tiempo que es la chispa del presente. Aceptad vuestras imperfecciones y amadlas. Traed a la consciencia aquello que la película de vuestro entorno os muestra de vuestra película subconsciente. Amad cada imagen de este contenido y dejad actuar a esta fuerza de transmutación que es la energía de Cristo en vosotros.

Sobretodo no os corrijáis a vosotros mismo, ni a nadie. Dejar fluir el suceso y sentid en el silencio interior los efectos producidos en una activa aceptación y no en una pasiva sumisión.

Ya que ¿sobre que criterios podéis corregir? Todos los parámetros del bien y del mal se derrumban y se vuelven obsoletos.

Capítulo II

¿Quién entre vosotros se tiene derecho?

¿Discernís aquello que pasa realmente tras la apariencia de los sucesos?

Numerosos signos acontecen en este momento, incluso al alba del nuevo día.

Los diferentes órganos del cuerpo de la humanidad, compuestos de etnias humanas variadas, expresan aquello que no había sido aun revelado: viejos tumores y abscesos kármicos se manifiestan a veces violentamente bajo el efecto de la ley de la purificación.

La tierra-madre evacúa sus pesadas memorias a través de grupos humanos específicos que participan inconscientemente en esta limpieza dejándose llevar en los movimientos de guerras y genocidios.

En apariencia, todo esto aparece atroz, pero en la realidad se trata de una purga, de una transformación energética de los egregors o masas compactas de pensamientos y de emociones pesadas, a través de expresiones en la sangre.

Pablo, el apóstol, decía: «No hay perdón sin efusión de sangre». He aquí una ley científica, que está en la base de los sacrificios de animales ofrecidos a los dioses en la antigüedad. Estos animales inhalaban, tomaban sobre ellos las formas pensadas polucionantes de aquellos que los ofrecían. Estos animales morían en condiciones sagradas y en períodos determinados.

Sabed que cada pensamiento, palabra, juicio, de sectarismo envenena la tierra y sus cuerpos sutiles, los cuales no se pueden purificar más que utilizando el órgano racial cuyas características le serán propias para canalizar, a h forma de un pararrayos, esos deshechos psíquicos que acabarán por empujar fuertemente a ese grupo particular a concretarlos a través de acciones violentas. El nivel de evolución de esos seres no les permite aun reconocer esas energías en ellos mismos con el fin de poderlas transmutar por amor, humildad y fe sin traer quebrantos a su prójimo.

Esos violentos abscesos de derrame son de alguna forma una consecuencia desintoxicante de esta incapacidad inconsciente para reconocer en cada uno de vosotros, esas memorias de juicio y de separatividad que alimentan sin cesar el salón de estos asesinatos.

No hay por tanto que dramatizar, ni culpabilizar, sino simplemente observar en sí mismo aquello que muestra el entorno; discernir aquello que vosotros no amáis de vosotros mismos en el otro; aceptar y acoger en vuestro corazón esta parte hasta ahora desconocida de vosotros, agradecer a la vida y a vuestro prójimo que os lo haya mostrado. A partir de ese momento, esta memoria identificada, tal y como ocurre con el hijo pródigo, vuelve hacia vuestro Cristo interior con amor. Con el tiempo, esta capacidad crística de transmutación se desarrolla, os volvéis progresivamente más soberanos de vosotros mismos y de los sucesos, vuestro cuerpo físico se eleva en vibraciones, influenciando todas las rejillas energéticas de la raza humana y favoreciendo así el despertar de otros y la disminución de guerras sangrantes.

Constataréis muy rápido que vuestras dificultades se aplanaran pues serán cada vez menos alimentadas por esas memorias en curso de transformación.

Es la llave esencial del crecimiento que lleva a la soberanía de vuestra vida y que al fin, en lugar de sufrir los sucesos, podáis crearlos según los deseos de vuestra alma.

!Es absolutamente imposible que veáis en los otros esquemas de comportamiento que no tengáis en vosotros mismos! Dicho de otra manera, es imposible amar o detestar algo que no sea sino una parte de sí mismo expresada por vuestro entorno.

El amor y el odio, y por tanto la atracción y la repulsión, constituyen las dos caras de una misma moneda. El Amor divino, él, no es parcial, no se apega y no rechaza nada.

Es un Amor vertical que se difracta a través de la consciencia del bien y del mal de la cual las memorias están impregnadas, para traducirse en una dualidad compuesta de apegos posesivos y de rechazos más o menos brutales. En ese nivel, los humanos están como hechizados por esas energías y son conducidos a poseer seres humanos, países, dinero, saberes intelectuales, etc. El instinto de propiedad es la consecuencia de todo esto, incitando al hombre a protegerse y a atacar a aquellos que amenazan lo adquirido.

Para acabar, este hombre define su objetivo de vida, esperando el éxito de su programa, en el cual él puede fracasar y vivir el fracaso. Es una vida plagada de batallas, de sufrimientos y a veces de enfermedades.

Vosotros que hacéis este camino poco ordinario, considerad vuestra vida como una experiencia que lleva a la realización de aquello que abandonasteis mucho tiempo atrás. En ese caso, no hay más éxito ni fracaso, sino un cotidiano alimento de amor y de inteligencia donde reunís materiales nobles para construir vuestro tiempo presente.

De esta manera salís de la consciencia del bien y del mal para franquear la barrera que os separa de la consciencia del Árbol de la Vida.

Capítulo III

A menudo consideráis una verdad por su forma psico-emocional o intelectual que adapta o complementa las necesidades del ego.

A menudo las verdades científicas se asemejan a slogans dogmáticos portadores de seguridad, esgrimidos en favor de la vanidad humana.

Cada ser ve las cosas de manera diferente, cada uno es único y acepta su verdad, que de hecho no es nunca la verdad de los otros.

Entonces, ¿qué es la verdad?

Es la aceptación de que cada uno ve su realidad según su nivel de consciencia, que cada uno tiene su verdad que no debe convertirse en un pretexto para la separatividad y para el debate, sino un estímulo para el intercambio, para el diálogo tolerante, para el enriquecimiento que de ello emana.

Cada ser humano se tiene en pie en este mundo gracias a su verdad. Agredir a un ser a golpe de demostraciones se muestra ser una dictadura intelectual y una manipulación.

Dejarle experimentar su verdad, es permitirle recolectar el fruto agradable o desagradable. Así, de esta forma él puede retirar su propia enseñanza y crecer a su ritmo.

Por lo demás, esta verdad humana es una ilusión necesaria ya que forma el manto sobre el cual una realidad superior se enraizará. Esta ilusión debe ser plenamente vivida y integrada para despertar a un más grande discernimiento. Esto forma parte del crecimiento del alma. Juzgar y corregir pueden llevar a un estancamiento del crecimiento dañino para el ser humano.

« Conoceréis la verdad y la verdad os hará libres » decía el Maestro. La verdad que libera es aquella que no os incita a tomar partido, sino que al contrario, os lleva a instalaros en el centro del corazón que os habita.

Ella es una, indivisible y sin polaridad. Ella se expresa en vosotros a través de vuestros actos conscientes donde el hábito está excluido.

En ese caso, todo vuestro ser refleja la autenticidad coloreada de una fuerza cuyo perfume es aquel de la maravillosa vulnerabilidad de un niño.

Convencer a otro lleva a una guerra mental y vuestra verdad es percibida como una mentira por la persona que no puede todavía ver una complementariedad.

La mentira es la sombra de la verdad cuando esta aun es demasiado densa para dejarse atravesar por la luz.

La verdad limitada atrae invariablemente a su opuesto, a saber, la mentira. Ella es por tanto cambiable y alterable.

Las diferentes verdades religiosas y nacionalistas producen frutos amargos en este mundo, pues ellas separan todo imponiendo modos de comportamiento.

La verdad de la que hablo consiste en integrar hasta vuestros átomos vuestra verdadera identidad, es decir, que sois una replica perfecta de la Divinidad. La verdad liberadora nacerá en vosotros cuando aceptéis el hecho de que todo es perfecto aquí y ahora en la obra del Creador; cuando ceséis de creer que sois un humano dependiente de las situaciones y que constatéis que creáis integralmente todo aquello que vivís hasta en los detalles más ínfimos.

En fin, cuando sintáis que vuestro prójimo es una extensión de Aquel que vive en vosotros mismos y por tanto experimentéis físicamente las sensaciones debidas a Su Presencia, entonces, os deleitareis de la experiencia de vuestra presencia en el otro y de su presencia en vosotros. Seréis UNO, reconoceréis a un hermano o a una hermana bien-amada detrás de las mascaras ilusorias del engaño.

Capítulo IV

La espera y la demanda cesan cuando el exterior es integrado en el interior y ya no están separados.

El sujeto y el objeto se fusionan en una sensación de completitud que hace brotar la respuesta al mismo tiempo que la pregunta.

Es por eso que, cuando hayáis adquirido este nuevo estado de consciencia, no será más necesario pedir, ni canalizar informaciones provenientes de guías no encarnados. Tendréis acceso directo a la completitud de vuestra alma divina. Los guías se volverán entonces vuestros hermanos mayores y se comunicarán con vosotros en una relación basada en compartir y no en calidad de guías.

Dado el número creciente de médiums sobre la tierra, por lo demás profetizada en la Biblia (Joél cap 2 :28 a 32). Es conveniente discernir el nivel de pureza del receptor, lo cual determina la verosimilitud del mensaje y la autenticidad de su origen.

Ahora, si vosotros integráis el hecho de que la vida es en todo ser, en toda materia, en todo suceso bueno o malo, podréis discernir poco a poco una multitud de mensajes que os guiarán. Tendréis ahí mismo las respuestas encarnadas y palpables. Es una canalización perfecta sin riesgo de deformación.

Dios os ama demasiado para daros solamente respuestas a través de médiums. Incluso en el desierto tendríais las informaciones necesarias para vuestra evolución.

Observad lo que ocurre en la naturaleza : ¿los peces piden orientación a los animales terrestres? ¿Los perros preguntan a los pájaros ?

Obtienen las respuestas gracias al entorno en el cual viven y no pueden realmente comunicar con otro reino sino es a través de eventuales observaciones.

Cuando pedís una información a través de un médium, tomad consciencia de que pueden haber deformaciones y a veces consecuencias bloqueantes para vuestro crecimiento.

El rey Salomón expulsó a todos los médiums de la tierra de Israel, hace tres mil años, consciente de que interferían con el plan previsto concerniente a la línea mesiánica.

Si observáis a vuestro prójimo como un profeta que expresa partes memorizadas en vosotros, entonces tenéis una comprensión apropiada de aquello que creáis sin saberlo en vuestro cotidiano. En consecuencia, podéis aceptar con la cabeza, aceptar con el corazón, agradecer por este descubrimiento y vuestra vida será adornada y enjoyada.

Es en este momento que todo problema deviene un plato suculento, que toda dificultad deviene una oportunidad para la apertura del corazón.

En este trabajo feliz y ligero, aprendéis a atravesar el puente que lleva de la aceptación de aquello que ocurre, a la acogida en el amor y el reconocimiento hacia ese suceso y hacia aquellos que lo han expresado.

Este puente está compuesto de diversas reacciones tales como la cólera, la humillación, la tristeza, etc. Todas esas energías de reacción contienen un gran fuerza emocional aun atrapada en las clausuras de los principios mentales del bien y del mal. Examinando profundamente esto, podéis destejer esos conceptos de juicio diciéndoos simplemente : !Es así! !Es un regalo que no puedo reconocer, pues mis reacciones emocionales me ciegan !

Tras un tiempo más o menos largo, vuestro ojos se abren y descubrís, maravillados, la importancia de aquello que conscientizais y el impacto que tendrá en vuestra vida. Esas energías emocionales se liberan de su prisión conceptual y contribuyen a abrir el corazón del alma.

Esta forma de caminar se puede hacer para cada memoria, si así lo deseáis, para vuestra mayor felicidad.

Capítulo V

La belleza de aquello que experimentáis pasa muy a menudo desapercibida a vuestros ojos. Vuestra dificultad para liberaros de la matriz ilusoria del bien y del mal, os instala en una noria sempiterna que os implica en el incesante vértigo de las atracciones y las repulsiones.

Volveos el ser vertical, como el funámbulo anclado sobre su cuerda, manteniendo firmemente en su centro el balancín del bien y del mal. Estas dos extremidades del eje horizontal le aseguran un centro de gravedad enraizado profundamente en la tierra, en la punta del triángulo imaginario, prodigándole así un equilibrio y una estabilidad en el movimiento.

De igual forma, el bien y el mal en cada uno de vosotros sirve de carburante para alimentar el equilibrio en el movimiento de la evolución.

El mal no es más que una polaridad del universo, no es sino mirada hacia aquel que os hace la vida difícil.

Dejad ir esta visión hasta ahora utilizada y observad el mal como un joven y poco hábil cortesano enamorado, seducido por la bella princesa del bien. A menudo están separados, divorciados, a causa del muro de la moralidad anti-sintomática que sólo quiere mirar y apreciar el bien. Aquellos que, al contrario, están en la inmoralidad e incluso en la amoralidad, han creado el mismo muro no apreciando más que el mal.

¡Que el juego de poder entre el bien y el mal cese! El uno atrae siempre al otro ya que están enamorados y, en medio, estáis vosotros, el sacerdote que celebra su matrimonio, el reconciliador que ha perdido su moralidad y sus juicios de valor.

Cada acción en pensamiento, en palabra, definida como positiva, acabará por atraer a su amante de polaridad negativa expresada por otro, ya que esta última, siendo prisionera de vuestro subconsciente celular, no puede hacer el camino necesario para alcanzar a la parte positiva que expresáis. Esto es porque a menudo, ignoráis su existencia y a veces porque la inteligencia del corazón y la humildad no han podido influenciar a vuestro mental.

Esta nueva mirada hacia esas dos polaridades aporta este anclaje, esta estatura en la plenitud de Cristo como decía Pablo. Se trata de un estado de ser y no de una gesticulación furtiva de querer bien hacer. Se trata de una instalación en el trono de la consciencia despertada donde vuestro cuerpo físico se derrama y se expande hasta la sensación de ser presente en todo aquello que vive.

Por el contrario, si lleváis vuestra atención sobre el bien y el mal, prefiriendo a uno en vez de al otro, observando quien se llevará la victoria, os parecéis a la persona que asiste a un evento deportivo donde dos equipos se enfrentan. Los aficionados de un equipo esperan el resultado inverso a aquel que esperan los aficionados del equipo contrario.

También están aquellos que organizan el partido, están los jugadores pagados que son vuestras élites gubernamentales y religiosas, y están todos aquellos que pagan por asistir y animar la victoria de uno de los dos equipos.

Aquellos que han creado el evento se ríen del resultado, ya que ellos adquieren un poder siempre más fuerte alimentando alegremente el ego de los espectadores. Estos últimos podrían ser vuestro ego que mueve los hilos, que manipula, el que pone en escena vuestras expresiones positivas para vencer al susodicho « mal que está en el exterior de vosotros ». Este ego, aun no alineado sobre el alma, se llena los bolsillos, se muscula y os vampiriza porque vosotros participáis inconscientemente en su fantasía. Utiliza los esquemas del subconsciente como los equipos que están sobre el terreno de juego. Los equipos de memorias celulares, fuertemente dotados de energía y fuerza, engordan y acaban por imponerse y dirigir vuestros comportamientos. Las sacudidas de un lado hacia el otro acaban por agotar la inteligencia y el amor, y el hombre pierde su soberanía.

Ese tiempo se acabó para aquellos que así lo decidan, observad derecho delante vuestro sin volver vuestra atención hacia la una o la otra de las extremidades del balancín.

Vosotros sois capaces, vosotros existís para esto.

Capitulo VI

¿Poseéis alguna cosa sobre este planeta? ¿Estáis desesperados cuando perdéis a un ser o cuando perdéis un empleo o dinero?

La posesión es la consecuencia del miedo debido a la ignorancia de quien sois. Es una ilusión que se muestra cada vez menos necesaria en este período de fin de ciclo, y aquel que se obstina en poseer se encuentra el mismo poseído y teledirigido por la avidez que crece en él mismo.

La posesión hacia un ser humano y hacia los objetos materiales, nos vuelve dependientes de ellos y, cuando llega la pérdida, entráis en los dolores del destete.

De igual forma, el apego a los dogmas, escenarios familiares, relaciónales, así como a un modo de comportamiento, os confina en un perímetro cerrado de acciones repetitivas a la manera de un ritual colectivo.

Esto produce una imagen de vosotros mismos a los ojos del otro, el cual modifica su comportamiento en relación con vuestra imagen y no en relación con aquello que sois realmente, es así que se proyecta una matriz energética en la cual muchos se encuentran atrapados y constreñidos, a fin de poder actuar confortablemente en la sociedad.

El apego a las cualidades y a las competencias expresadas es una barandilla de seguridad hasta que hagáis consciente y aceptéis los defectos y las inaptitudes específicamente contrarias a cada acto expresado. Imaginad que un hombre lleva una pesada carga colgada de la espalda izquierda, no puede andar sin perder el equilibrio y finalmente cae. De este hecho, él se va a agarrar, sin separarse jamás, a una barandilla que se encontrará a su derecha: la barandilla de los comportamientos, de los pensamientos, de las emociones, de las relaciones, de los saberes intelectuales y de los bienes materiales

En cada suceso, el hombre reacciona para no dejar ir la barandilla, pero si se pone a hacer inventario del contenido que hay en el saco, cada vez tendrá menos necesidad de engancharse a su escenario de vida.

Ocurre a menudo que este escenario de la personalidad oculta la hoja de ruta prevista por el alma. Después de un cierto número de años y según la vitalidad espiritual del alma encarnada, las células del cuerpo físico acaban por volverse híbridas a fuerza de sufrir frecuencias psíquicas antagonistas del alma y de la personalidad. Muchas formas de cáncer son el resultado de lo que acaba de ser dicho.

Observaros en detalle. Ved como la vanidad expresada sirve de rampa de seguridad a aquel que posee, sin saberlo quizás, memorias de baja estima de sí mismo y de mediocridad.

El miedo y la falta de humildad nos impiden a menudo aceptar esta evidencia.

Mientras no haya un reconocimiento de los dos lados, no puede haber un avance real en el crecimiento propuesto por el alma.

Si, paso a paso, reconocéis cada cualidad expresada (el bien) como estando asociada a su defecto complementario (el mal), el cual está escondido en vuestras memorias celulares y de las cuales ignorabais hasta ahora su existencia, esas dos partes van a cesar de oponerse y se neutralizan por la acción del Amor de vuestro corazón, alimentada por vuestra sincera intención de unirlas. Este matrimonio las llevará hacia un punto neutro donde no estaréis más obligados a actuar por compensación.

De este hecho, el balancín del funámbulo del cual hablábamos en un capítulo anterior empezará a reducir su longitud, ya que tendréis un anclaje en la verticalidad que se afirmará. Y, cuando ya no os quede más que el núcleo central de todas esas dualidades, el balancín, reducido a su mínima expresión, será tenido verticalmente en vuestras manos, como un cetro de oro que demostrará vuestra soberanía al fin reconquistada.

En ese lugar la posesión ya no será sino un vago recuerdo.

Capitulo VII

¿Por qué os hablo de todo este planteamiento interior?

Actualmente la elevación de la frecuencia de la rejilla energética de la raza humana provoca estimulaciones, amplificaciones brutales de estas memorias no reconocidas en cada uno. Estas energías no conscientes se hinchan y se vuelven más potentes hasta, a veces, empujar al individuo hacia comportamientos destructores, actos que le llevan progresivamente a la enfermedad, la muerte o la prisión.

Es por esto que nosotros llamamos a este período el tiempo del Apocalipsis o el tiempo de la revelación. Individualmente os reveláis, os ponéis desnudos afín de ser afinados y purificados.

Las morales religiosas y sociales que definen lo que está bien o mal, no serán suficientes, no serán capaces de contener en una represión mental antisintomática, las pulsiones inducidas por las memorias del programa celular.

También, observad bien la pajita que está en el ojo de vuestro prójimo para definirla, para aceptarla y acogerla en vuestro corazón. De este hecho, la viga que se encuentra oculta en los cajones del subconsciente transmutará. Después, agradeced infinitamente, en la emoción del corazón, a vuestro prójimo por haberos aportado esta ayuda en relación con esta memoria nuevamente reconocida y de tener, gracias a él, un conocimiento más completo y más profundo de aquello que os compone. En fin, afirmad la intención de transformar este niño-memoria en adulto sabio y maduro.

En efecto, el alivio sobre todo el planeta se acelerará si vosotros sois aunque sea un pequeño número efectuando este alegre trabajo. Veréis la prueba en los cambios que viviréis y que constataréis en vuestros más allegados.

Esto dulcificará los efectos del pasaje hacia esta nueva tierra y vosotros recibiréis una alegría y un equilibrio que desbrozará el camino para aquellos que os observan.

Sois tan amados que vuestra decisión de hacer esto atraerá muchas ayudas visibles y invisibles.

Capitulo VIII

Génesis 1 : 6 y 7

Dios dice : (6) Que haya una separación entre las aguas, y que ella separe las aguas de entre las aguas. (7) Y Dios hizo la separación, y separó las aguas que están debajo de la separación de las aguas que están encima de la separación. Y así se hizo, (versión Louis Segond).

Según este texto del génesis, habrían habido aguas recogidas en solo lugar (versículo 9) y aguas suspendidas a una cierta altura, envolviendo el globo terrestre.

Podríamos creer que esas aguas celestes fueran las nubes. Pero parece que no era el caso, ya que, en el capítulo 2 :5 y 6, está escrito que la lluvia aun no era, que un vapor se elevaba y rociaba toda la superficie del suelo. Las plantas eran entonces regadas por este copioso rocío. Las aguas suspendidas mantenían a la tierra en un clima y una temperatura idílica, sin extremos, estando esta última calentada como en un baño-maría.

Una sola raza de hombres se alimentaba de frutos crudos viviendo en plena salud sobre esta tierra. El cielo no podía parecer azul, pero debía presentar un arco iris moviéndose según el curso del sol.

A continuación, las fuerzas negativas emitidas por los humanos a través de sus pensamientos y actos de no-amor, bajaron las frecuencias del planeta. Este, a la manera de un electrón, salió de su órbita alejándose del sol. La masa de agua suspendida cayó en trombas durante el episodio del diluvio de Noé.

Comprendemos mejor el escepticismo de los contemporáneos de Noé que no podían creer en la posibilidad de llover ni en la existencia misma de la lluvia. Aquello no se había producido nunca.

Los polos se enfriaron brutalmente, el ecuador se recalentó fuertemente ; la raza única del hombre se difractó en cuatro razas de colores diferentes. Los hombres empezaron a comer cereales, carnes y el acto de cocinar los alimentos hizo su aparición.

El agua del cielo recubriendo enteramente el planeta, hizo falta que cadenas montañosas se elevaran, que los « Valles-planos » descendieran para recoger esas aguas saladas, en mares y océanos, con el fin de que no cubrieran de nuevo la tierra. Es esto lo que cuenta el rey David en el salmo 104 : 6 a 9.

Esto explica la desproporción entre el 79% de mares y el 21% de tierras emergidas sobre la tierra.

Un día, «la tierra se moverá de su sitio » (Diálogos con el Ángel. Gitta Mallaz. Ed. Aubier). Noé vio un Arco Iris : era una promesa de un retorno al estado original, era el signo de una alianza con una humanidad que reencontrará la consciencia y el amor.

Vemos aquí que el agua, sensible, viva como toda materia auténtica, actuá y reacciona según la consciencia y la pureza de aquellos y aquellas que la utilizan.

Es un tipo de Cristo-catalizador entre las materias sólidas y las materias más sutiles.

Capítulo IX

La Profecía de Daniel

Una noche de agosto de 1994, una voz me dijo: « Mira en la profecía del rey del norte y del rey del sur (aquella del profeta Daniel), esa empieza ahora » 17 agosto 1994.

Ese día, los magistrados franceses, asesinados en Argelia por integristas, recibían honores postumos en el Elíseo.

Comprendí entonces que el rey del sur simbolizaba a aquellos movimientos fundamentalistas religiosos, el rey del norte representaba el conjunto de los estados occidentales de los cuales América es el jefe de filas.

Esta profecía que nos concierne empieza en el versículo 40 del capítulo 11 de Daniel. Ella cuenta que las fuerzas del rey del sur atormentarán al rey del norte. Este por su parte estallará entonces sobre el rey del sur con su potente armada.

Esta profecía vio empezar su realización en el mes de agosto 1994 y, siete años más tarde, en septiembre 2001, una etapa más aguda se desencadenó con los atentados en USA, seguidos de la respuesta contra el régimen fundamentalista en vigor en Afganistán.

¿Qué veremos dentro de siete años, en el 2008? Quizás: « La cosa inmunda que causa la devastación » de la cual habla el capítulo 12. Mi deducción personal (que no implica a nadie más que a mí) es que esta cosa inmunda representa al gobierno mundial que actualmente se activa para conducir a un caos tal, que los pueblos reclamarán a golpes y a gritos un gobierno capaz de devolver el orden y la seguridad. Es en ese momento que este gobierno secreto se revelará un gran día, presentándose como el salvador del mundo y prometiendo la paz mundial.

Otro mensaje me anunció lo siguiente: « Un hombre importante será asesinado. Este suceso marcará la instalación de la cosa inmunda que causa la devastación y el cese del sacrificio perpetuo ».

El cese del sacrificio perpetuo es el cese de la guerra. Las guerras son abscesos violentos que permiten, al igual que los sacrificios en los tiempos, canalizar nuestras emociones y pensamientos de no-amor hacia aquellos que van a expresarlos salvajemente, lo que permite al aura del planeta conservar un equilibrio vital para toda la humanidad.

A continuación la profecía nos dice que faltarán 1290 días, feliz aquel que pueda esperar hasta los 1335 días.

Me entretuve en contar los días, a partir de octubre del 2008 y esto nos hace llegar a la primavera del 2012. En esa fecha, hará un siglo del hundimiento del Titánic, en abril de 1912. Ese naufragio de la vanidad y del orgullo humano fue un mensaje profético de aquello que nos esperaba si seguíamos como robots las obediencias gubernamentales y su cortejo de intimidación que alentaban los miedos de guerra, de hambre y de epidemias. Habrán a continuación los 45 días decisivos donde, estando los dados echados, cada uno será dirigido sea hacia la vía del Amor, sea hacia la esclavitud y la tristeza.

He aquí una información recibida por clariaudiencia durante la noche: «La gran tribulación (anunciada por Jesús) vendrá por Rusia pues el gobierno ruso querrá reprimir los cambios de comportamiento de la masa».

Este gobierno secreto de origen extra-terrestre esta representado por la palabra «diablo» en la Biblia y en particular en el Apocalipsis 12:12. A veces les llaman los illuminati. He aquí una información en relación a esto: «los illuminati han perdido el poder de volar y de abandonar la tierra, están animados de una gran cólera pues la trampa se cierra sobre ellos».

Ahora un mensaje lleno de esperanza en relación a alguien que acompañará al nuevo avatar: «El Rey Enrique, de Francia, se reveló el 18 de junio de 1998, él será un faro para la humanidad»

Por tanto Francia juega un rol primordial en el desarrollo de esta profecía.

—Joël Ducatillon

Trouver des distributeurs d'eau diamant, ou s'y inscrire comme distributeur :

♥ www.steel-storm.staelhe.info

Le site de l'auteur sur ses recherche et autres outils :

♥ www.steel-storm-staelhe.net

Site italien, sur lequel une partie est dédiée aux recherches de l'auteur :

♥ www.liberamenteservo.it

Contacter l'auteur par e-mail :

♥ jophare12@hush.com

DISCOVERY
PUBLISHER

www.ingramcontent.com/pod-product-compliance
Lightning Source LLC
Chambersburg PA
CBHW031849090426
42741CB00005B/411

9 781788 949880